LA MORT DE MITRIDATE.

TRAGEDIE.

A PARIS,

Chez ANTHOINE DE SOMMAVILLE, au Palais, dans la petite Sale, à l'Escu de France.

M. DC. XXXVII.
AVEC PRIVILEGE DV ROY.

A LA REYNE.

ADAME,

 Ce miserable Roy n'auroit iamais eu la hardiesse de chercher aux pieds de vostre Majesté, vn azyle contre la persecution des Romains, si elle n'auoit tesmoigné vne bonté particuliere pour luy : & si ie ne luy eusse fait esperer, que non seulement vne ame si Royale & si genereuse, ne luy refuseroit point sa protection : mais que mesme apres vne infinité de malheurs, sa fortune seroit enuiée de ses ennemis. Et que ces tiltres insolens de maistres de toute la terre, qu'ils ont si iniquement vsurpez, seroient moins glorieux que les siens : quand il voudroit publier l'honneur qu'il aura d'estre à vostre Majesté. Ma vanité n'est

ã ij

A LA REYNE.

peut-estre pas excusable dans la creance que i'ay, que ceste Tragedie n'a point depleu à vostre Majesté. Mais outre l'honneur que i'ay eu de l'entendre assez souuent de sa bouche, ie puis dire sans mentir, que le peu de reputation qu'elle a euë, ne peut naistre que de l'estime qu'elle en a faite, & qu'elle ne pouuoit passer pour absolument mauuaise, apres l'approbation du meilleur iugement du monde. Et veritablement, MADAME, quand i'ay consideré les raisons qui ont peu obliger la plus grande Reyne de la terre, à faire quelque cas d'vne chose qui le meritoit si peu, ie n'en ay peu treuuer d'autres, que ceste forte inclination qu'elle a pour vne vertu dont elle a veu des exemples assez rares & assez memorables dans cet ouurage. Vostre Majesté a veu les courageuses resolutions de Berenice, comme vn miroir tres-imparfaict de sa generosité admirable, & de l'horreur qu'elle a pour toute sorte de vices, & la fidelité d'Hypsicratée, comme vne image de ceste parfaicte amour qu'elle a tousiours euë pour le plus grand de tous les Roys. Pleust à Dieu, MADAME, qu'auant le dessein de les faire paroistre, i'eusse eu l'honneur que i'ay eu du depuis. I'aurois depeint l'vne & l'autre bien plus parfaicte, selon l'idée que i'en ay conceuë, en considerant auec admiration toutes les actions de la plus belle vie qui fut iamais. Ie ferois vne faute,

A LA REYNE.

qui ne me seroit iamais pardonnée, si (soldat ignorant comme ie suis) i'en voulois parler selon mon ressentiment, qui m'est commun auec toute la France. Et ie diray seulement, que toutes les loüanges qu'on a données iusqu'icy, par interest ou par flatterie, aux plus grandes & plus parfaites personnes de la terre, non seulement se peuuent donner à vostre Majesté, auec beaucoup de iustice: mais ne peuuent se taire sans ingratitude. Et veritablement ce Royaume seroit bien indigne d'vne des plus rares faueurs qu'il ayt iamais receuës du Ciel, s'il ne la recognoissoit comme vne grace qu'il n'accorda iamais qu'à luy, & qui l'oblige à des vœux & des remerciemens eternels. Parmy tant de vertus si royales, & si eminentes, ceste pieté & ceste bonté, qui apres celle de Dieu, n'en eust iamais d'egale, attirent nos cœurs auec des puissances merueilleuses. Et ie ne me puis figurer, que comme vn songe, que celle à qui les tiltres de femme, sœur, fille, & niepce des premiers Monarques de la terre, donnent auec trop de iustice, le rang de la plus grande Princesse qui fut iamais, se puisse abaisser tous les iours à l'entretien de ses moindres subjets, & voir auec vn visage plein de douceur & de charmes, ceux qui n'auroient aucune raison de se plaindre, quand elle ne les auroit iamais regardés. Ie sçay bien MADAME, que tous ceux, qui iusqu'icy

A LA REYNE.

ont parlé des grands, en ont parlé encore plus aduantageusement que ie ne fais de vostre Majesté, & leur ont donné pour des considerations particulieres, des qualitez qu'ils n'eurent iamais. Mais ie n'apprehende point que vostre Majesté face ce iugement de moy, & que ceste profonde humilité qu'on remarque dans toutes ses actions, luy face soupçonner de flatterie des sentimens si iustes. Pleust à Dieu que i'eusse receu du Ciel ceste eloquence que tant d'autres en ont receuë. Et pour m'obliger toute la France, ie luy donnerois le portrait de la plus parfaicte Reyne qu'elle eut iamais. Mais puis que ie ne dois point esperer ceste grace de luy, du moins le dois-je remercier le reste de mes iours de celle qu'il m'a accordée, en me faisant naistre, & me permettant de viure,

MADAME,

DE VOSTRE MAIESTÉ

Le tres humble, tres obeissant, & tres fidelle seruiteur & subjet,

LA CALPRENEDE.

AV LECTEVR.

EN toutes façons, Lecteur, vous m'estes peu obligé. Ie vous donne vn assez mauuais ouurage, & ie ne vous le donne qu'à regret. Outre que ie ne le creus iamais digne de voir le iour, apres tant de belles choses qui ont paru aux yeux de toute la France auec vn si iuste applaudissement, la profession que ie fay, ne me peut permettre, sans quelque espece de honte, de me faire cognoistre par des vers, & tirer de quelque meschäte rime vne reputation, que ie dois seulement esperer d'vne espée que i'ay l'honneur de porter. Non veritablement, ce ne fut iamais mon dessein de faire imprimer des œuures, que iusqu'icy ie n'auois aoüees qu'à mes particuliers amis. Mais ayant assez imprudemment presté mon manuscript à des personnes, à qui ie ne le pouuois refuser sans inciuilité, quinze iours apres i'en vis trente copies, & i'apprehenday auec quelque raison, qu'vn valet de chambre plus soigneux de quelque petis gain que de vostre satisfaction, ne vous fit voir auec deux mille fautes des siennes, ce qu'à peine souffrirez vous auec les miennes. Ceste raison m'y a obligé sans doute, & la creance que i'ay euë que vous ne traiteriez pas auec rigueur le coup d'essay d'vn ieune Soldat, & que vous iugeriés auec bonté que des cadets du Regiment des Gardes, côme i'auois l honneur d'estre pour lors, ont quelque fois d'aussi mauuaises occupations. Ces considerations ont obligé beaucoup de personnes à pardonner les defauts que vous y treuuerez, & ont peut estre donné quelque estime à vne chose qui

AV LECTEVR.

n'auroit pas esté supportable, d'vn homme sçauant & du mestier. Aussi comme ie n'en esperay iamais aucune sorte de gloire, ie ne trouueray point mauuais qu'on desappreuue publiquemēt vne œuure qui ne passe pas pour bōne dans le iugemēt mesme de son Autheur. Vous vous plaindrez auec iustice du peu de crainte que i'ay eu de vous desplaire, & du dessein qu'il semble que i'aye de vous ennuyer dās la lecture d'vne chose que ie n'appreuue pas moy mesme. Mais outre les raisons que ie vous ay desia dites, ie vous auoüeray que les flatteries de mes amis l'ont emporté par dessus la mauuaise opinion que i'en auois, & m'ont à la fin persuadé qu'il s'estoit imprimé & s'imprimoit encore tous les iours de pires chansons. Vous condamnerez peut-estre ce diuertissement, & ie ne le veux pas entierement excuser. Mais ie le blasmerois encore dauantage s'il détournoit ceux qui s'y occupent, de la profession qu'ils font & du seruice qu'ils doiuent à leur Prince. A Dieu ne plaise que ie me donne la vanité de m'estre passablement acquité de l'vn ou de l'autre. Mais ie puis dire auec verité, qu'on ne doit point accuser ma poësie des fautes que i'y ay faites, & que i'ay des excuses plus legitimes, ou que ie n'en ay point du tout. C'est tout ce que ie diray pour ma iustification, & i'allegueray peu de chose pour la defense de ce miserable ouurage. Ie ne doute point qu'on n'y treuue vn bon nombre de fautes contre la langue. Mais on considerera ce qu'on pouuoit en ce tēps là esperer d'vn Gascon, sorty de son pays depuis quinze iours, & qui ne sçauoit de François que ce qu'il en auoit leu en Perigord, dās les Amadis de Gaule. Et ie vous aduertiray en passant, que vous y verrez encore les mesmes fautes que vous y auez peu remarquer dés qu'elle a commencé de paroistre sur le Theatre, & que les quatre premiers Actes ayans esté imprimés en mon absence, ie n'ay peu rien corriger du tout, que la fin du cinquiesme. Quelqu'vn s'estōnera peut-estre que i'aye changé & adiousté quelque chose à l'histoire. Mais ie le prieray de croire, que ie l'ay leuë, & que ie n'ay pas entrepris de descrire la mort de Mitridate, sur ce que i'ay ouy dire de luy à ceux qui vendent son baume sur le Pont-neuf. Si i'y ay changé quelque chose la necessité & la bienseance le demandoient : & si i'y ay adiousté quelques incidens, la sterilité du subiect m'y a obligé. Tous les Autheurs qui ont parlé assez au long des actions de sa vie, ont

traité

AV LECTEVR.

traité sa mort assez succinctement. Plutarque n'en dit que deux mots dans la vie de Pompée. Florus dans son Epitome la rapporte en deux lignes. Et Appian Alexandrin, qui l'a descrite vn peu plus amplement, n'en dit veritablement pas assez, pour en pouuoir tirer le subiect entier d'vne Tragedie. Ie sçay bien qu'il mourut de la main d'vn Celte, nommé Bitochus. Mais outre qu'à la representation de deux Cleopatres, nous auions desia veu la mesme chose: i'ay iugé plus conuenable à la generosité qu'on a remarquée dans toutes les actions de sa vie, de le faire mourir de la sienne. A sa mort il ne fait point mention d'Hypsicratee. Mais il y a beaucoup d'apparence, que celle qui ne l'abandonna iamais dans les combats, & de qui la fidelité a acquis vne si grande reputation, ne l'abandonna point aux derniers momens de sa vie. Outre que ie n'ay point veu encore d'autheur qui parle d'elle apres la mort de Mitridate. I'ay donné vne femme à Pharnace plus genereuse qu'il n'estoit lasche. Mais outre qu'il est certain qu'il a esté marié, cet incident est assez beau, pour meriter qu'on luy pardonne. Et ie ne mentiray point, quand ie diray que les actions de ceste femme ont donné à ma Tragedie vne grande partie du peu de reputation qu'ell'a, & que celle qui les a representées dans les meilleures compagnies de l'Europe, a tiré assez de larmes des plus beaux yeux de la terre pour lauer ceste faute. Ie donne à ce mesme Pharnace les deplaisirs & les remords qu'il deuoit auoir de la mort de son pere, bien que Plutarque rapporte qu'il enuoya son corps à Pompée. Et qu'il soit tres-veritable qu'il n'en eut aucune sorte de regret. Mais ie vous prie de considerer, que quelque soin que i'aye pris à le rendre plus excusable & plus honneste homme qu'il n'estoit, ie n'ay peu empescher que ses deportemens ne donnassent de l'horreur à tout le monde, & que la bienseance m'obligeoit du moins à changer des choses si peu importantes. Bien que l'histoire ne nomme point le lieu de la mort de Mitridate, ie fay ma Scene à Sinope, comme vne des meilleures villes de ses Royaumes, & où il est asseuré qu'on luy fit des honneurs funebres. Et i'y fais au commencement paroistre Pompée, bien que ie n'ignore pas qu'il en estoit pour lors assez esloigné. Vous eussiez bien fait toutes ces remarques sans moy. Mais i'ay voulu preuenir la mauuaise opinion que vous auriez iustement conceuë

AV LECTEVR.

d'vn Soldat ignorant, & vous supplier en suitte de vous souuenir de ce que ie vous ay desia dit de mon absence pendant l'impression, où il s'est coulé vne infinité de fautes, que vous ne me pardonnerez iamais, si vous n'auez vne bonté merueilleuse.

A MONSIEVR DE LA CALPRENEDE,
sur la mort de Mitridate, par l'Abbé de Beauregard.

PRodigieux effets d'vne rare eloquence,
 Merueilleuse vertu de charmes si puissans,
Doux effort du sçauoir, aymable violence,
Où traisnez-vous ainsi la Reine de mes sens?

Si tost que ma raison se veut mettre en defense,
Et se veut opposer à ce que ie consens,
Cette mesme raison m'impose le silence,
Et ie me sens vaincu par des tesmoins presens.

Quoy que tout l'Vniuers reproche à cet ingrat,
Pharnace est innocent par maxime d'Estat,
Ses raisons & ses pleurs ont reparé son crime:

Icy tous les objets paroissent triomphans,
Puisque les sentimens que ton discours imprime,
Nous forcent d'admirer le pere & les enfans.

BEAVREGARD.

LE LIBRAIRE AV LECTEVR.

Cher Lecteur, Ie t'aduertis que i'ay fait imprimer cette Tragedie l'Autheur estant absent. Et dautant qu'il n'en a pas veu les espreuues, il s'y est coulé quelques fautes qu'indubitablement il n'eust pas laissé passer. C'est pourquoy ie te prie de ne luy en point attribuer aucunes. I'ay fait vne petite recherche de celles que i'ay recognuës, que tu pourras corriger suiuant l'errata.

Fautes suruenües en l'impreßion.

Fol. 3. l. 24 *Et* lisés *Mais*: fol. 5. l. 1. *pretendrois* l. *pretendois*. fol. 5. l. 3. *absolul*. *absolus*: fol. 7. l. 13. *temoigna* l. *temoignast*: fol. 8. l. 3. *ne* l. *n'en*: fol. 8. l. 20. *toutes choses* l. *toute chose*: fol. 8. l. 24. *iusques* l. *iusque*: fol. 9. l. 12. *d'vn* l. *d'vne vn* l. *ce*: fol. 12. l. 1. *puis* l. *puisse*: fol. 16. l. 12. *mon costé* l. *mes costés*: fol. 18. l. 9. *en* l. *ou*: fol. 20. l. 7. *trahy* l. *trahis*: fol. 20. l. 12. 13. *absoluë voulnë*. l. *absoluës voulues*: fol. 26. l. 14. *vn* l. *mon*: fol. 29. l. 13. *le* l. *la*: fol. 33. l. 7. *peuples* l. *peuple*: fol. 33. l. 13. *chery* l. *cheris*: fol. 33. l. 15. *on* l. *l'or*: fol. 38. l. 18. *punie* l. *punis*: fol. 44. l. 3. *l'aprend* l. *aprend*: fol. 44. l. 19. *aurois*. l. *auois*: fol. 45. l. 5. *me* l. *le*: fol. 47. l. 15. *la* l. *ma*: fol. 56. l. 3. *viens* l. *veux*: fol. 56. l. 8. *i'en* l. *ie*. & en quelques endroits *auec*. l. *auecque*.

LES ACTEVRS.

POMPEE.

PHARNACE,   Roy du Pont.

MITRIDATE.

MENANDRE, Chef de la caualerie de Mitridate.

EMILE,   Capitaine Romain.

HYPSICRATEE,   Femme de Mitridate.

BERENICE,   Femme de Pharnace.

MITRIDATIE. ⎫
NISE.   ⎬   Filles de Mitridate.
             ⎭

Vn Soldat.

LA MORT DE MITRIDATE

TRAGEDIE.

ACTE I.

SCENE PREMIERE.

POMPEE. PHARNACE.

POMPEE.

Vis que vos repentirs ont fait mourir
   sa haine,
Que vous estes certain de l'amitié
   Romaine,
Vivez, dores-en avant comme nostre allié,
Ouy Pharnace, il suffit, Rome a tout oublié.

A

LA MORT

Le sang qui vous lioit aux interests d'vn pere,
Merite le pardon d'vn crime necessaire;
Mais ce que Mitridate appelle trahison,
Ie l'appelle pour vous vn acte de raison,
Puisque vous retirant d'vn party si funeste,
Vous vous establissez vn repos manifeste,
Recouurez sans danger vn Royaume perdu,
Et montez sans effort au throsne pretendu :
C'estoit le seul moyen d'aquerir la couronne,
Et vous la receurez de celle qui les donne,
Qui dispose à son gré de la pourpre des Rois,
Et contraint l'vniuers de viure sous ses lois,
Auec vn tel appuy qui vous fait redoutable,
Vostre condition vous rend mesconnoissable,
Vous verrez dans le port le naufrage d'autruy,
Et direz i'ay vescu seulement auiourd'huy;
Et de faict dans les maux dont elle estoit suiuie,
Vous n'auez point gousté les douceurs de la vie,
Vous auez respiré seulement à demy,
Et c'est bien n'estre plus, qu'estre nostre ennemy.
Est-il chez les mortels vn cœur qui ne s'abbate
Sous le faix des malheurs qui suiuent Mitridate?
La Fortune a trahy ses desseins descouuers,
Le ciel la ruiné par mille coups diuers,
Et s'il s'est maintenu sans ceder à l'orage,
C'est vn effet de haine & non pas de courage,
S'il a mal reüssi dans ses meilleurs projets,
S'il a tant respandu du sang de ses subjets,

DE MITRIDATE.

Si tous les elemens ont trahy sa conduite,
Et s'il s'est vainement garanty par la fuite,
Si ses meilleurs soldats sont armez contre luy,
Si parmy ses enfans il ne treuue vn appuy,
La cause de ses maux est l'horreur de ses crimes,
Et les deuoirs des siens ne sont plus legitimes,
Puis que tout contribuë à son malheur present,
On se rendroit coupable en le fauorisant,
Vous qu'vn plus noble cœur rend ennemy du vice,
Qui vous estes armé pour la seule iustice,
Et qui vous despouillez de tous vos sentimens,
Si le seul interest ne fist vos changemens,
Si pour ses actions vostre haine est conceuë,
Vostre amitié, Pharnace, en sera mieux receuë,
Et Rome qui mesprise vn courage abbatu,
Sçait estimer les Roys pour leur propre vertu.

PHARNACE.

Ie ne me flatte point d'vne loüange vaine,
Que la seule vertu soit cause de ma haine,
Euitant le malheur dont i'estois menacé,
Dans ce deuoir rendu ie suis interessé,
Iugeant chez ce cruel mon salut difficile
Sur la force des miens i'ay basty mon azile,
I'ay cherché ma retraite entre ses ennemis,
Et si mes sentimens me sont icy permis,
Ie diray sans flatter l'inuincible Pompée,
Que sa rare valeur attira mon espée,

A ij

Le bruit de ses vertus m'a dés long temps charmé,
Et Pharnace ennemy l'a tousiours estimé,
I'ay creu que ie gaignois dans l'amitié d'vn homme
Celle de l'vniuers, auec l'appuy de Rome,
Le suiuant au renom de ses gestes guerriers,
I'ay trouué mon refuge à l'ombre des lauriers,
Que si dans ce dessein mon ame est trop ingrate,
Si le deuoir du sang m'oblige à Mitridate,
Si ie passe chez luy pour fils desnaturé,
Le regne d'vn tyran a desia trop duré,
Le sang qu'il a versé desire qu'on le vange,
Et ses subjets foulez authorisent ce change.

POMPEE.

Si vous perseuerez dans cette volonté,
Vous conseruez vn bien qu'on vous auroit osté,
La couronne du Pont vous demeure asseurée
Auec vne amitié d'eternelle durée,
Nostre protection imposera des loix
Pour imprimer la crainte à tous les autres Rois.

PHARNACE.

Pour de telles faueurs dont ie suis redeuable,
Ie sçay bien que ma foy doit estre inuiolable,
Ouy, Pompée, il est vray, ie serois criminel
Si ie ne vous rendois vn hommage eternel,
Et si ie receuois vne grandeur royalle,
Que comme le present d'vne main liberalle,

DE MITRIDATE.

Que sans vostre bonté ie pretendrois en vain,
Ie tiendray tout de vous & du peuple Romain,
Vous serez absolu sur vostre creature,
Ie forceray pour vous les loix de la nature,
Ie poursuiuray celuy de qui ie tiens le iour,
Ie perdray mon respect, i'oublieray mon amour,
Et si ie suis sans fruit au pied de ses murailles,
Sinope en peu de iours verra mes funerailles,
Nostre ennemy commun ne reposera point.

POMPEE.

Puis que vostre secours à nos forces se ioint,   On tire la
Que nous auons en main deux puissantes armées,   tapisserie &
Que peuuent contre nous ses troupes enfermées?   Mitridate
Les debiles efforts d'vn peuple intimidé   paroist auec
Nous peuuent-ils forcer si le monde a cedé?   Hypsicratée
C'est en vain qu'il s'obstine, & cet opiniastre   & ses deux
Enfin sera contraint de rompre ou de s'abatre,   filles.
Il ne veut point flechir sous l'Empire Romain,
Ny receuoir des loix que le pouuoir en main,
Tous ses meilleurs desseins vont dans la violence,
L'offre que ie luy fais l'importune & l'offence,
Et bien s'il est reduit à quelque extremité,
Qu'il face vne vertu d'vne necessité.

SCENE II.

MITRIDATE. HYPSICRATEE.

MITRIDATE.

Toy qui dans mes combats compagne inseparable,
M'accompagnes aussi dans mon sort deplorable,
Exemple infortuné de coniugale amour,
Et sans qui Mitridate est ennemy du iour,
Prodige d'amitié fidelle Hypsicratée,
Regarde à quels malheurs ie t'ay precipitée,
Regrette auecque moy nos communes douleurs,
Et croy que sans rougir tu peus verser des pleurs,
Ce pitoyable estat doit forcer ta constance,
Et tes larmes auront vne iuste dispense,
Ce cœur que la Fortune en vain a combatu,
Que tous les accidens n'auoient point abbatu,
Succombe maintenant sous le mal qui le presse,
Et c'est mon propre sang qui cause ma foiblesse,
Et la terre & le ciel me furent ennemis,
Et leurs plus grands efforts ne m'ont iamais soumis,
I'ay braué mille fois la puissance Romaine,
I'ay de leurs corps mourans couuert cent fois la plaine,
Et la mer receuant nostre sang & le leur,

DE MITRIDATE.

Sous nos vaisseaux brisez, a changé de couleur :
J'ay soustenu l'effort de toutes leurs armées,
J'ay veu des plus grands chefs leurs trouppes
    animées,
Et tous les plus vaillans que Rome ait iamais eu,
Me seront obligez de tout ce qu'ils ont sçeu :
Ils ont tous contre moy faict leur apprentissage,
Et tu sçais si iamais i'ay manqué de courage,
Mesme s'il t'en souuient cette fatale nuit
Que ie fus par Pompée à l'extreme reduit ;
Dans l'estrange malheur d'vne telle disgrace,
Ainsi que la Fortune ay-je changé de face ?
Vis-tu que ce visage eust perdu sa couleur,
Et que iamais ce front tesmoigna ma douleur ;
Non, parmy ces assauts ie fus inesbranlable,
Tu vis de ma constance vn trait inimitable,
Et quoy que tout tendist à me desobliger,
Iamais mon propre mal ne me peut affliger.
Malgré cette infortune où ie t'auois conduite,
Tu voulus sans regret accompagner ma fuite,
Et ie te iure icy la coniugale foy,
Que si ie m'atristois ce ne fut que pour toy :
Ie n'ay receu du sort qu'vne atteinte legere,
Et ie n'ay iamais craint vne force estrangere,
Mais ceux que la naissance & le droit m'ont
    sousmis
Se liguer lâchement auec mes ennemis,
Voir que mon propre fils conspire ma ruine,

Embrasse contre moy l'alliance Latine,
Et dans mes derniers iours me retient assiegé,
O dieux quel est l'esprit qui ne fust affligé!
I'ay perdu tout salut sur la terre & sur l'onde,
Par celuy seulement que i'auois mis au monde,
Ce monstre sans pitié creuse mon monument,
Et ie suis des Romains traité plus doucement,
Il veut porter vn Sceptre en me priuant de vie,
Et ce qu'il tient de moy le traistre me l'enuie.
O dieux!

HYPSICRATE'E.

S'il est permis à ma fidelité
D'accuser vos transports d'vn peu de lâcheté,
Et si par le regret dont vostre ame est atteinte
Cette premiere amour n'est pas encore esteinte,
Souffrez que me seruant de mon premier pouuoir,
Ie veuille à Mitridate enseigner son deuoir,
Puis que dans la tristesse où son malheur l'engage,
Il ne conserue rien de son premier courage :
Il est vray que le sort nous a reduits au point
De craindre toutes choses, & de n'esperer point :
Pharnace & les Romains s'arment pour nous
    destruire,
Nos subiets auec eux se liguent pour nous nuire ;
Mais quand mesme le Ciel s'vniroit auec eux,
Gardez iusques à la fin ce cœur victorieux,
Ne faites pas rougir vne illustre memoire,

DE MITRIDATE.

Et ne terniſſez point voſtre premiere gloire,
Monſtrez que la Fortune eſt au deſſous de vous,
Ce qu'elle fait pour eux, elle l'a fait pour vous.

MITRIDATE.

O merueille de foy, d'amour, & de courage!
Ta conſolation m'afflige d'auantage,
Quand le ſalut des miens conſiſte à me trahir,
Il ne reſte que toy qui me deurois haïr;
Ouy mon ame, hay moy, ta haine eſt legitime,
Tiens moy pour ennemy, tu le pourras ſans crime.
Tout autre eſt innocent, le mal vient tout de moy,
Et moy ſeul ay cauſé l'eſtat où ie te voy.
I'ay d'vn autre produit vn monſtre abominable,
C'eſt l'œuure d'vn peché, dont tu n'es point coupable,
Ainſi que ſa naiſſance il eſt defectueux,
Et s'il eſtoit ton fils, il ſeroit vertueux.
Non, ſçache que le Ciel, ny la Fortune ingrate,
N'ont iamais abaiſſé le cœur de Mitridate,
Il eſt touſiours le meſme, & grand & genereux,
Et n'eſt point abbatu pour eſtre malheureux,
Il s'eſt bien conſerué parmy mes infortunes,
Mais ie meurs de regret qu'elles te ſoient communes,
Ie voudrois que mon mal n'euſt plus que des teſmoins,
Et ſi ie ſouffrois ſeul, ie ſouffrirois bien moins.

B

LA MORT
HYPSICRATEE.

Puis que nostre dessein doit estre inseparable,
Qu'il faut qu'un mesme coup nous leue, ou nous accable,
Que depuis si long temps nous ne sommes plus qu'un,
M'enuiez-vous un sort, qui doit estre commun?
Ie vous accompagnay dans la bonne Fortune,
Et ce peu de malheur desia vous importune.

MITRIDATE

Ouy, chere Hypsicratée, il est vray, ton amour
Me donne de l'horreur pour la clarté du iour.
Ie t'ay dans mes malheurs innocemment traisnée,
Et ta seule amitié te rend infortunée.

HYPSICRATEE.

Nommez-vous infortune un sort qui m'est si doux?
Croyez-vous que ie souffre en souffrant auec vous?
Et depuis le long temps que vous m'auez cognuë,
Auez-vous remarqué que mon feu diminuë?
Mon amour change-elle auec vostre bon-heur?
Puis-je imiter sans honte un peuple sans honneur?
Aymay-je vos grandeurs, ou bien vostre merite?
Et vo° dois-je quitter, quoy qu'un sceptre vo° quitte?
Non, i'ay chery vos biens, mais seulement pour vous,
Et si ie ne vous perds, ie les mesprise tous.

MITRIDATE.

Ah! c'est cette amitié qui me rend miserable!
Et si tu m'aimois moins, ie serois moins coupable:
Tant de fidelité me rend plus odieux.
Mais quel objet nouueau se presente à mes yeux?
C'est l'espouse du traistre.

SCENE III.

MITRIDATE. BERENICE.

MITRIDATE.

Approchez vous madame.
Ie lis sur vostre front les troubles de vostre ame.
L'absence d'vn mary qui vous estoit si cher,
Est le seul desplaisir qui vous a peu toucher.
Vous regretez Pharnace, & non pas Mitridate,
Et puis qu'il est ingrat, vous deuez estre ingrate.
D'vne telle douleur le remede est en vous.
Ie ne vous retiens point, reuoiez vostre espoux.
Si contre ce cruël ma cholere est extréme;
En me vengeant de luy, i'espargne ce qu'il aime,
Le Ciel le doit punir par mon ressentiment,
Mais s'il doit esclater, c'est sur luy seulement.
Qu'il sçache que i'abhorre vne telle vengeance,
Que ie veux par luy seul reparer son offence,

Quoy qu'en vous affligeant ie le puis affliger,
Ie vous estime trop pour vous desobliger,
Mon indignation veut vne autre victime,
Et ie vous crois, madame, incapable d'vn crime.

BERENICE.

Si ie ne suis coupable ainsi que mon espoux,
Et si ie puis encor embrasser vos genoux,
Seigneur accordez moy, cette derniere grace,
De ne m'accuser point du peché de Pharnace :
Il est vrai qu'en l'estat où ie suis auiourd'huy,
Si ie verse des pleurs, ie les verse pour luy.
Vn si iuste regret esbransle ma constance,
Mais ie pleure son crime, & non pas son absence.
I'ay sur mes passions vn absolu pouuoir,
Et mon plus grand souci n'est pas de le reuoir.
Quand il perd son honneur sa femme l'abandonne.
I'estimois sa vertu, mais non pas sa couronne,
Et fondant mon amour sur la seule raison,
Ie ne le puis aimer apres sa trahison :
Ie quitte vn desloial, puis qu'il quitte son pere,
Et mourant auec vous ie fais ce qu'il deust faire.
Ne me refusez pas vn charitable appuy,
Permettez que ie viue ailleurs qu'aupres de luy.
Ie ne me puis resoudre à reuoir vn perfide,
Ni suiure son parti, puis qu'vn traistre y preside.
Souffrez qu'aupres de vous ie tienne vn mesme rãg,
Que ses aimables sœurs l'honneur de vostre sang.

Vous perdrez tout soupçon que ie sois infidelle,
Si le crime d'autruy ne me rend criminelle.

MITRIDATE.

Leuez vous, Berenice, & croiez desormais, Il parle à ses filles.
Que ie vous aime mieux que ie ne fis iamais,
Admirez ce grand cœur ma chere Hypsicratée,
Rendés à sa vertu la gloire meritée.
Au moins ce bien me reste en mon sort malheureux,
Que i'ay pour cōpagnons des cœurs tous genereux :
Ce glorieux exemple enseigne à Mitridate,
Que la seule vertu dans sa maison esclatte.
C'est l'vnique fanal que les miens ont suiuy :
Le seul qui n'en eut point Rome me l'a rauy.
Mais voicy de retour le fidelle Menandre.

SCENE IIII.
MITRIDATE. MENANDRE.

MITRIDATE.

ET bien, Menandre, en fin, que deuons nous attendre ?
Ay-je encore la terre & les Dieux contre moy ?
Rome a elle le Ciel & Pharnace pour soy ?
L'vn peut-il appreuuer la trahison de l'autre,
Et le demon latin triomphe-il du nostre ?

Verra-on reüssir ce qu'vn traistre voulut,
Et son pere chez luy n'aura point de salut?

MENANDRE.

Vous auez à vos murs la puissance Romaine:
Mille estendars volans font ombrage à la plaine,
Mesme vos fugitifs ensemble ramassez,
Brauent insolemment au bord de nos fossez:
I'ay fait oster des murs vne troupe inutile,
I'ay des meilleurs soldats bordé toute la ville,
Qui ne pouuans souffrir ces escadrons si pres,
Sur les plus courageux ont lancé quelques traits.
Desia les legions à l'assaut toutes prestes,
Font retentir bien loin le son de leurs trompettes,
Les cheuaux animez de tous les instrumens,
Augmentent la frayeur par leurs hennissemens.
Les Armes des soldats esblouissent la veuë,
Et leurs cris eslancez vont iusque dans la nuë.
Les beliers apprestez donnent de la terreur,
Et la ville fremit de tristesse & d'horreur.
Vne branche d'oliue en la main de Pharnace,
Au pasle citoyen faict esperer sa grace:
La dextre qu'il luy tend l'asseure de sa foy,
Mesmes les plus mutins l'appellent desia Roy.

MITRIDATE.

O Ciel & tu le vois, & tu retiens ta foudre!
Eslance-la sur nous, reduis Sinope en poudre,

DE MITRIDATE.

N'en donne pas l'honneur aux escadrons Romains,
Et puis qu'il faut perir, perissons par tes mains.
Les hommes ont en vain attaqué Mitridate,
Et si la terre est foible, il faut qu'vn Dieu l'abbate.
Toutesfois disposons ces cœurs intimidez,
A sortir de ces murs si longuement gardez.
Si nous deuons mourir, ne mourons point sans gloire,
Et forçons l'ennemy de pleurer sa victoire.
J'ayme bien mieux me perdre en la perte des siens,
Que d'en laisser l'honneur au plus lâche des miens.

ACTE II.

SCENE PREMIERE.

MITRIDATE. HYPSICRATEE

MITRIDATE.

Mitridate, Hypficratée fortent armez, & Mitridatie, Nife & Berenice auec eux.

E veux que du combat vous foyez exemptée,
La ville pour appuy demande Hypficratée,
Et le peuple infolent preft à fe mutiner,
A pour vous vn refpect qui l'en peut deftourner.

HYPSICRATE´E.

Auez-vous refolu de me rendre ennemie,
Ou fi vous auez creu ma valeur endormie?
Ce cœur que les dangers n'ont iamais rebuté,
Se peut-il bien noircir de quelque lâcheté?
Portay-je à mon cofté vne inutile efpée,
Ne l'ayant iamais craint, puis-je craindre Pompée?
Et lors que les perils ne feront que pour vous,
Du haut de nos ramparts iugeray-je des coups?
Sçachez que les malheurs augmentēt mon courage,

Et

DE MITRIDATE.

Et que dans un combat, où mon amour m'engage,
Contre tous les efforts de l'Empire Romain,
Vostre meilleur secours est celuy de ma main.

MITRIDATE.

Ie ne sçaurois douter d'une valeur cognuë,
Sois seulement mon ame, un peu plus retenuë,
Ne t'expose aux dangers qu'un peu plus rarement;
Puis que si ie te perds, ie me perds doublement.

HYPSICRATEE.

Chassez de vostre esprit cette inutile crainte,
Mon ame de frayeur ne fut iamais atteinte :
Si i'en ay ressenty, c'est seulement pour vous :
Mais n'apprehendons rien, les Dieux seront pour
  nous.
Ils nous font esperer un succez legitime,
Et sont desia lassez de soustenir un crime.

MITRIDATE.

Puis qu'aucune raison ne t'en peut diuertir,
Ie veux à ton dessein malgré moy consentir.
Mille fois ie t'ay veuë, inuincible Amazonne,
Acquerir des lauriers que la valeur nous donne,
I'ay veu les escadrons de ta voix animez,
Fendre pour t'imiter des bataillons armez.
Ton visage & ton fer font d'egales conquestes.

C

LA MORT HYPSICRATEE.

Dites mieux à propos, que les troupes sont prestes,
Que l'ennemy ioieux des forces qui l'ont ioint,
Se repose sans crainte, & ne nous attend point.
Allons luy tesmoigner qu'vn courage inuincible
Aux iniures du sort n'est iamais accessible,
Que toutes ses rigueurs ne l'ont pas abbatu:
Et qu'vn nombre confus vaut moins que la vertu.

MITRIDATE.

Vn cœur si genereux me faict rougir de honte.
Allons, & que Pompée en trebuche, ou surmonte.
Que Mitridate meure, ou qu'il ne meure pas,
Ie tiens indifferens la vie ou le trespas.

SCENE II.

MITRIDATIE, NISE, BERENICE.

MITRIDATIE.

Allez où la fureur aueuglement vous porte
Ie ne vous verray plus, mon esperance est
 morte:
Mais si ma foible main ne vous peut secourir,
Estant de vostre sang ie sçauray bien mourir.

NISE.

O par dessus le sexe heureuse Hypsicratée;
Ayant receu du Ciel vne force indomptée,
Qui te faict mespriser les perils euidens,
Et t'endurcit le cœur contre les accidens !
O que mesme faueur ne me fut-elle offerte !
Du sang des ennemis ie vangerois ma perte,
Et ie croirois mon sort beaucoup moins rigoureux,
Si la moitié du mal pouuoit tomber sur eux.

BERENICE.

Si vous auez dans l'ame vne si iuste haine,
L'espouse de Pharnace en doit porter la peine,
Il est nay de celuy par qui vous respirez,
Mais punissez sa femme, & vous le punirez.
Ie sçay bien que pour moy son amour est extréme,
Et quoy qu'il soit perfide, asseurément il m'aime.
Embrassez ce moyen pour vous vanger de luy,
On peut estre cruel à l'exemple d'autruy.
Aprés sa trahison le traictement plus rude
Est encore trop doux à son ingratitude;
On ne sçauroit faillir en le desobligeant,
Et le plus inhumain, c'est le plus indulgent.

MITRIDATIE.

Ha ! ma sœur, que ce mot sensiblement nous touche !
Et que ceste requeste est mal en vostre bouche !

LA MORT

Perdez l'opinion que vous auez de nous,
Ou bien nos ennemis nous traitent mieux que vous.
Helas vostre vertu nous est trop bien cognuë,
Nous voyons mieux que vous vostre ame toute nuë.
Plust aux Dieux que Pharnace eust mesme senti-
  ment,
Mais s'il nous a trahy aimez-nous seulement,
Le mal qui nous afflige en sera moins funeste,
Si parmy nos malheurs vostre amitié nous reste.

BERENICE.

Ouy mes sœurs, ie vous ayme autant que ie le hay,
Que si vostre soupçon en vouloit vn essay,
Sondez vostre pouuoir, commandez absoluë:
Et ie suiuray les loix que vous aurez vouluë.

NISE.

Ce qu'à vos volontés nostre pouuoir enioint:
C'est en vous coniurant de ne nous quitter point,
Pharnace est vostre espoux, comme il est nostre
  frere:
Mais la nuit & le iour n'ont rien de si contraire,
Le Soleil n'a rien veu de si mal assorty?
Et vous vous feriez tort d'embrasser son party.

BERENICE.

Moteur de l'vniuers, Souueraine puissance,
Qui lis dans mon esprit, & vois mon innocence,

DE MITRIDATE.

Si mon intention balance seulement,
Fay que ce dernier mot soit mon dernier moment.
Quoy qu'une telle crainte extremement me blesse,
Ie vous veux, chere Nise, auoüer ma foiblesse.
Il est vray, cest ingrat est indigne du iour,
I'ay pour luy toutesfois encore vn peu d'amour.
L'hymen ioint deux esprits d'vne si forte estreinte,
Que l'ardeur qu'il allume est rarement esteinte.
Ie ne puis oublier qu'il estoit mon espoux,
Mais que son interest m'oste d'aupres de vous.
Que cette passion que le Ciel a faict naistre,
Me face consentir aux actions d'vn traistre.
Plustost

MITRIDATIE.

Iamais ma sœur, nous n'en auons douté,
Nous craignons seulement pour vostre seureté,
Puis que nostre party dans nos maux vous en-
traisne,
Et que vous encourez l'inimitié Romaine,
Vous fuiez le salut & l'espoir d'vn bien-faict.

BERENICE.

I'abhorre le bon-heur que ie tiens d'vn forfaict,
Et ie ne puis souffrir l'éclat d'vne Couronne :
Puis que la perfidie est ce qui me la donne,
Ie ne veux posseder des sceptres enuahis,
Ny succeder aux miens pour les auoir trahis.

LA MORT

Vn throsne est à priser si sans crime on y monte,
Et i'ayme des grandeurs qu'on peut auoir sans honte.
Ce pendant implorons l'assistance des Dieux :
Vous leur demanderez, & ie prieray des yeux,
Puis que dans les malheurs, où le Ciel m'a reduite,
La priere à ma bouche est mesmes interdite.
Que mes vœux d'vn peché seront tousiours attains ;
Et ie puis seulement en faire d'incertains.

SCENE III.

POMPEE, PHARNACE.

POMPEE.

Ils ortent des Tentes.

QVoy que vous le iugiez d'vne extréme importance,
I'ay voulu tout fier à vostre confidence.

PHARNACE.

C'est m'obliger par trop à la fidelité,
Et chez moy vos secrets seront en seureté.

POMPEE.

Il me faut obeïr à nostre Republique,
Par des termes si clairs sa volonté s'explique ;
Que ie ne puis icy demeurer vn moment.

DE MITRIDATE.

Vous voyez du senat l'expres commandement.
Il faudra malgré moy que ie vous abandonne,
Seruez-vous maintenant du pouuoir qu'on vous
　　donne,
Gardez l'authorité que ie vous mets en main,
Combatez sans regret, pour l'Empire Romain,
Poursuiuez l'ennemy que vous auez en teste :
On vous a destiné le prix de la conqueste.
Et quoy que vos deuoirs vous attachent à nous,
Sçachez qu'en nous seruant vous faites tout pour
　　vous.
Nostre appuy vous mettra par dessus la fortune,
Et toute autre amitié vous doit estre importune.
Celle de Mitridate est vne trahison,
Et sous vn bon visage euitez le poison.
Car ie ne doute point qu'il ne vous solicite,
Et qu'à l'extrémité cette ville reduite,
Il ne tente cent fois à vous faire changer :
Mais ses meilleurs desseins tendent à se vanger,
Et si vostre raison par sa ruse est deceuë,
Il n'oubliera iamais vne iniure receuë.

PHARNACE.

Son mauuais naturel m'est bien assez cognu,
Mais d'vn autre motif ie seray retenu.
Ie veux garder la foy que ie vous ay iurée,
Et vous en receurez vne preuue asseurée.
Mitridate vaincu, sous le ioug flechira,

Ou ne le pouuant point, Pharnace perira.

POMPEE.

C'est ainsi que l'on doit conseruer sa fortune,
Vostre fidelité ne sera pas commune.
Mais aussi vous sçauez qu'il n'est pas de loyer,
Que la Reine des Rois ne vous puisse octroyer.
Adieu, gouuernez-vous par le conseil d'Emile,
Et mettez tous vos soings pour emporter la ville.
Sur tout souuenez-vous en cette affaire icy,
Que Rome faict les Roys, & les deffait aussi.

SCENE IIII.

PHARNACE. EMILE.

PHARNACE.

Ovy, ie me souuiendray que ie dois tout à Rome,
Et n'estant plus à vous ie ne seray plus homme.
Mon esprit inquiet est en vain combatu,
I'estouffe pour mon bien ce reste de vertu.
Son fascheux souuenir en vain me solicite,
Et si ie fais vn crime vn throsne le merite.
Mais dieux de quels remords ie me sens agiter!
Quel tardif repentir me vient persecuter!
Ie commets vn peché qui me rend execrable.

Et iamais le soleil n'en a veu de semblable,
Mitridate est mon pere, & c'est mon ennemy.

EMILE.

Et quoy vous n'estes donc resolu qu'à demy.

PHARNACE.

Ie suis bien resolu, mais Emile il me reste
Vn remords importun d'vn crime manifeste.
Ce bourreau de mon ame erre deuant mes yeux,
Me figurant l'horreur des hommes & des Dieux,
I'ay pour plus grand fleau ma seule conscience.

EMILE.

Deliurez vostre esprit d'vne vaine creance,
Tous vos raisonnemens ne sont plus de saison:
Il faut considerer le temps & la raison,
Le temps veut que l'on cede au vainqueur qui dispose,
Puis qu'à ses volontés vainement on s'oppose.
Qu'on tasche à conseruer vn Empire penchant
La raison qu'on hayße & pourßuiue vn meschant.
Choquant nostre ennemy, vous choquez vostre pere:
Mais vostre propre bien vous oblige à le faire.

PHARNACE.

Ie ne m'oppose point à ce que i'ay voulu,
Puis que ie l'ay promis c'est vn point resolu.

Ie ne donne aux Romains qu'vne asseurance vraye,
Mais Emile, ie veux te descouurir ma playe,
Et ne te cacher plus ce qui me faict mourir,
Peut-estre ton conseil me pourra secourir.
Du moins te la disant ma douleur diminuë.
Si tu cognois amour, ma peine t'est cognuë.
Quoy que mon feu soit beau, vertueux, innocent,
De tous mes ennemis il est le plus puissant.
Au milieu des combats c'est luy qui me tour-
  mente.
I'ay souffert sans me plaindre vne ardeur violente,
Et si dans ces acces ie ne le disois point,
C'est que le desespoir à mon amour est ioint.
Mon corps est parmy vous, vn cœur hors de l'ar-
  mée,
Sinope dans ses murs tient mon ame enfermée.
Ce que pour moy la terre a d'aymable & de beau,
Est chez mes ennemis, & peut-estre au tombeau.

EMILE.

Souuent le desplasir à nos esprits figure
Des objets de douleur qui ne sont qu'en peinture,
Et la crainte imprimée en nostre souuenir,
Nous faict apprehender des malheurs auenir,
Quoy qu'ils soient en effect hors de toute appa-
  rence,
Si ceux que vous craignez n'ont besoin de silence,

PHARNACE.

Sçache que ma douleur ne vient plus que d'amour :
Ie vis, & toutefois ie ne vois plus le iour.
Priué de mon soleil ie suis dans les tenebres,
Et mon œil n'est ouuert qu'à des obiects funebres.
Emile deuant toy ie prends les Dieux tesmoins,
Que cette passion engendre tous mes soins.
I'embrassay sans regret l'alliance Romaine,
Et de leurs ennemis ie n'ayme que la haine :
Les iugemens d'autruy me sont indifferents,
Ce sons bien mes soucis, mais non pas les plus grands.
Ie regrette vne perte, ou du moins vne absence,
Qui sert à mon chagrin d'vne iuste dispense.
Si parmy les mortels on voit vn homme heureux,
Ie le fus à l'égal que ie suis amoureux.
I'aimay ce que la terre auoit de plus aymable,
Et pour moy mon soleil eut vn amour semblable.
Nos cœurs de mesme feu doucement allumez,
Brusloient innocemment sans estre consommez.
Si ie souffrois pour elle, elle souffroit de mesme ;
Et reciproquement nostre ardeur est extréme.
Enfin ie possedois l'abbregé plus parfaict
Des ouurages plus beaux que la nature ait faict.
Le Ciel me l'enuia, la terre fut ialouse,
Et les plus froids objects adoroient mon espouse :
Qui fut (me conseruant vne immuable foy)

Pour tout autre de grace & de flamme pour moy,
Sa vertu surpassoit une vertu commune,
Enfin rien ne manquoit à ma bonne fortune,
Et iamais un mortel n'eut mieux ses vœux contens,
Si i'eusse eu le bonheur de le garder long-temps.

EMILE.

Enfin par quel malheur vous fut elle rauie?

PHARNACE.

Tu vois quel accident me priue de la vie:
Car ma condition pire que le trespas,
Ne se peut nommer vie en ne le voyant pas.
L'amitié des Romains me desrobe sa veuë,
Ce sont leurs ennemis qui me l'ont retenuë.
Mon peu de iugement la mit en ce danger,
I'offence Mitridate, il se peut bien vanger.
Et desia ce cruel exerce sa malice,
Et pour punir Pharnace afflige Berenice.
Quoy qu'il ne la hait point il cognoist mon amour,
Peut estre en ce moment elle a perdu le iour,
Et ce tygre insolent d'une telle deffaicte.
Odieux!

EMILE.

Deliurez vous d'un si fascheux soucy.

PHARNACE.

J'aurois contre les maux vn cœur trop endurcy,
Vn esprit vainement dans son malheur se flatte;
Et depuis trop long-temps ie cognois Mitridate.
Toutefois Berenice a dequoy le toucher,
Et s'il ne flechissoit il seroit vn rocher.
Il n'est point de lyonne assez pleine de rage,
Pour s'armer de fureur contre ce beau visage:
Ses yeux amolliroient vn cœur de diamant.
Cet espoir incertain me reste seulement,
Que si ie me repais d'vne esperance vaine,
Si desia l'ennemy faict esclatter sa haine,
Si pour m'auoir aymé Berenice n'est plus,
Et si pour le reuoir mes soings sont superflus,
Ie combleray d'horreur ma derniere conqueste,
Ie rendray par le fer son ombre satisfaite:
Et le deuoir du sang ne me peut empescher,
De faire à son tombeau ses meurtriers trebucher.

EMILE.

Si l'iniure du Ciel à ce point vous outrage,
Resistez à ses traits par vn masle courage,
Et vous ressouuenez qu'vn homme genereux,
S'il ne succombe au mal, n'est iamais malheureux.
De quelques accidens que le sort le trauerse,
Il n'espreuue iamais la fortune diuerse.
Il rit sans s'esbransler de ses euenemens:

LA MORT

Et d'vn visage egal void tous ses changemens,
Mais d'où vient ce soldat effrayé de la sorte?

SCENE V.

VN SOLDAT. PHARNACE.

SOLDAT.

Ans ce dernier secours nostre esperance est morte,
Nos meilleurs escadrons sont à demy rompus.

PHARNACE.

Parle & demesle toy de ce discours confus,
Respire vn seul moment de cette folle crainte.

SOLDAT.

Ce n'est pas de frayeur que mon ame est atteinte:
Mais poussé d'vn courage & fidele & prudent,
Ie vous viens aduertir du peril euident.
Mitridate suiuy de sa trouppe enfermée,
Est sorty des rampars pour attaquer l'armée:
Comme c'est vn esclat qu'on n'auoit point preueu
Les premiers bataillons sont pris à l'impourueu,
Ceste bouïllante ardeur ne peut estre arrestée:
Tout fuit deuant le Roy, tout fuit Hypsicratée.
Ils ne sont du butin, mais du sang alterez;
Et s'ils sont peu de gens, ils sont desesperez.

DE MITRIDATE.

Enfin tout a faict iour à leurs premieres armes,
Et les champs sont couuerts du corps de nos gen-
　darmes.
Cette forte Amazonne atterre de ses mains,
Et les Bithiniens, & les soldats Romains :
Tous indifferemment font rougir son espée,
Elle appelle au combat & Pharnace & Pompée :
Son espoux qui la couure auec son escu,
Massacre sans pitié cest escadron vaincu.
Bref tout n'est plus que sang, qu'horreur, que fu-
　nerailles.

PHARNACE.

Grace aux Dieux ie reçoy le fruict de cent ba-
　tailles,
Celuy que tant de fois Rome auoit combattu,
Aujourd'huy se soumet à ses pieds abbatu.
Allons Emile, allons vaincre sans resistance,
Rompons de l'ennemy la derniere puissance.
Apres cette deffaite il n'en peut releuer,
Et le plus grand honneur consiste à l'acheuer.

ACTE III.

SCENE PREMIERE.

HYPSICRATEE. MITRIDATE.
MITRIDATIE. NISE.

HYPSICRATEE.

On tire la tapisserie.

Epuis que le destin contre luy se declare,
Un cœur se doit munir d'vne constance rare.
Il est vray, cher espoux, nous auons tout perdu :
Mais pour ces vains regrets nous sera-t'il rendu?
Nostre trouppe à nos yeux entierement deffaicte,
Dans ce dernier Palais nostre seule retraicte,
La ville à la mercy du soldat insolent,
Pour affliger vne ame est vn mal violent :
Mais par ce desespoir, dont vostre esprit s'accable,
Pouuez-vous reparer vn mal irreparable?

MITRI-

MITRIDATE.

Non, mais iuge toy-mesme en l'estat où ie suis,
Que respirer le iour c'est tout ce que ie puis :
Qu'il n'est point de regret qui ne soit legitime,
Et qu'apres tant de maux la constance est vn crime.
Commander Souuerain à cent peuples diuers,
Donner de l'épouuente aux Rois de l'vniuers,
Voir-ceder tant de peuples à la gloire d'vn homme,
Estre l'appuy d'Asie, & la terreur de Rome,
Et voir par vne lâche & noire trahison,
Borner tant de grandeurs d'vne seule maison,
Où mesme vn fils ingrat me defend la retraicte,
C'est de quelle façon la fortune me traicte.

HYPSICRATEE.

Tous ceux qu'elle a chery elle les traicte ainsi,
Si vous estes trahy, mille le sont aussi.
De sa legereté on void par tout des marques,
Elle a faict trebucher les plus heureux Monarques.
La perfide qu'elle est les esleue au plus haut,
Pour les precipiter d'vn plus horrible saut.

MITRIDATE.

Ie ne me plaindrois pas des traits de la fortune,
Que comme d'vne perte ou legere ou commune :
Si ie me voiois seul, ainsi que ie me voy :
Mais si tu dois courir mesme risque que moy,

Si les maux que ie sens il faut que tu les sentes,
Et si ie perds aussi ces filles innocentes,
Que mon propre interest attache auec nous.

MITRIDATIE.

Si nous nous affligeons c'est seulement pour vous,
Glorieux rejettons du sang de Mitridate :
L'iniustice du Ciel n'a rien qui nous abbate :
Nous courons mesme sort que vous deuez courir,
Et si vous perissez, nous voulons bien perir.

MITRIDATE.

Quoy qu'à l'extremité le Ciel me desoblige,
Pour mon propre malheur il n'est rien qui m'afflige.
Pour mourir glorieux i'ay bien assez vescu,
Les Dieux, Rome & les miens ne m'ont iamais
  vaincu.
I'ay desia si long-temps trauaillé pour ma gloire,
Que ie ne craindrois point la derniere victoire.
Mitridate mourant mourra tousiours en Roy,
Il n'a peu sur autruy que ce qu'il peut sur soy.
Ie n'ay point de regret d'abandonner la vie,
Cette main me l'auroit depuis long-temps rauie,
Si ie ne vous laissois en proye aux ennemis,
Qui vangeroient sur vous ce qu'vn autre a cõmis.
A la suitte d'vn char mon espouse & ma fille,
Le triomphe honoré de toute ma famille,
Ma chere Hypsicratée esclaue dans les fers,

DE MITRIDATE.

HYPSICRATEE.

Rome qui dans nos murs impunément nous braue,
Ne receura iamais Hypsicratée esclaue :
La gloire de Pompée ira iusqu'à ce point :
Mais pour cette derniere il ne l'obtiendra point.
Vostre espouse partant vous tiendra compagnie,
Et de vostre tombeau ne sera point bannie.
Elle sçait dés long-temps mespriser le trespas,
Et les plus grands perils ne l'espouuentent pas.

NISE

Esperez vn peu mieux des soings de Berenice,
Auiourd'huy sa vertu nous rend vn bon office,
I'attends de son desseing vn tres-heureux succes.

MITRIDATE.

Dans le cœur d'vn brutal l'amour n'a plus d'acces,
La seule ambition dans son ame s'imprime :
Toute autre passion seroit illegitime.
Et quand on le verroit rentrer en son deuoir,
Il n'a sur les Romains que bien peu de pouuoir,
Toutes les legions dependent de Pompée.

MITRIDATIE.

Icy vostre creance heureusement trompée :
S'il a peu conseruer quelque reste d'amour,
Permet à nostre espoir encore vn peu de iour.

E ij

LA MORT

Feroit mourir mon ame au milieu des enfers.
Pompée impatient d'vne gloire nouuelle,
Obeït au vouloir du Senat qui l'appelle:
Pharnace a deformais tout le pouuoir en main.

MITRIDATE.

On ne m'abuse pas par vn mensonge vain,
I'approuue toutefois vn loüable artifice.

MITRIDATIE.

Estant sur les rampars auec Berenice,
Nous auons veu tomber vn iauelot lancé,
Que d'vn commun accord nous auons ramassé,
Pour lire le secret d'vne lettre attachée,
Qui nous a faict douter d'vne ruse cachée.
Ie ne vous redis point ce que nous auons leu,
Quoy que tout ce qu'on sçait, c'est par là qu'on l'a
    sçeu.
C'est vn billet escrit de la main de Pharnace,
Qui par vn feint discours deplore sa disgrace,
Solicitant sa femme à quitter ce party:
Mais ce puissant esprit n'en est point diuerty.
Ces parolles, au lieu d'esbranler son courage,
Dans son premier dessein la poussent dauantage.
Elle a releu ces mots sans changer de couleur,
Et sans me tesmoigner aucun trait de douleur.
Ce iour, m'a-telle dit, ou me sera funeste,
Ou ie me seruiray du pouuoir qui me reste.

Combien que ie l'abhorre il le faut supplier:
Et pour nostre salut ie dois tout oublier.
Ses yeux, en le disant, n'ont point versé de larmes:
Mais ils ont au besoin repris leur premiers char-
 mes.
Ils s'arment des attraits qui l'ont faict souspirer,
Et lancent des regards qui se font adorer:
Si Pharnace resiste aux traits qu'elle décoche,
Ie diray que son cœur est formé d'vne roche.

MITRIDATE.

Dittes qu'il est formé de poussiere & de sang,
Et que s'il est né Prince, il est hors de ce rang:
Puis que la sœur rougit de la honte du frere,
Je desauouë vn fils indigne d'vn tel pere.
Mais si son repentir on tente vainement,
Au moins defendons nous iusqu'au dernier mo-
 ment.
Allons ensanglanter nos dernieres murailles,
Signalons nostre fin de mille funerailles,
Faisons à nostre gloire vn superbe tombeau,
Et mourons satisfaicts pour vn trespas si beau.

E iij

SCENE II.

PHARNACE. EMILE.

PHARNACE.

Pharnace sort auec Emile & des Citoyens de Sinope.

IE ne veux point deſtruire vn bien que ie poſ-
  ſede,
Ny traicter en vaincœur vn peuple qui me cede,
Puis que tous d'vn accord ne demandent que moy,
Ie fus leur ennemy, ie veux eſtre leur Roy.
Ie monte par la force au throſne hereditaire,
Ie vous ſeray pourtant plus bening que mon pere:
Et ſi vous perſiſtez dans la fidelité,
Vous aurez le repos qu'il vous auoit oſté.
Vous verrez aujourd'huy vos peines terminées,
Par vne paix heureuſe elles ſeront bornées:
Et de tant de trauaux mon peuple ſoulagé,
Va reſpirer des maux qui l'auoient affligé.
Ie veux pour voſtre bien accepter la Couronne,
Mais vous recognoiſtrez Rome qui me la donne.
C'eſt à la Republique à vous donner des loix,
Et d'elle deſormais vous receurez des Roys.
C'eſt la punition qui vous eſt impoſée,
Et vous n'eſtes punie que d'vne peine ayſée.
Vous n'auez rien à craindre auec vn tel ſupport,
Vous quittez vn party pour en ſuiure vn plus fort:

DE MITRIDATE

Et pour vous deliurer d'vne sanglante guerre,
Vous receuez son ioug, comme toute la terre.
Vous ne le pouuez craindre apres ce traictement.

EMILE.

Vne telle douceur s'espreuue rarement,
Et quand on a de force vne ville emportée:
La fureur des soldats est à peine arrestée:
Mais, nous auons vaincu seulement à demy,
La ville est bien à nous, mais non pas l'ennemy.
Nous n'auons pas encor la victoire assez grande,
C'est Mitridate seul, que Rome nous demande.

PHARNACE.

Des malheurs du combat la fuitte l'a sauué,
Mais il s'est contre nous vainement conserué.
Ce Palais qui luy sert de derniere retraicte,
Ne sçauroit plus d'vn iour retarder sa deffaicte.
Ce mur s'oppose en vain à nos braues efforts.
Qu'on comble ces fossez, ou de terre, ou de corps,
Que l'on hazarde tout, qu'on vainque ou que
    l'on meure,
Et qu'vn assaut donné l'emporte dans vne heure.
C'est de vous seulement que i'espere ce bien,
Et si i'en suis priué, ie ne possede rien.
Mais d'où vient à mes pieds cette fleche lancée? *On iette vne*
O Dieux! si Berenice auoit sçeu ma pensée? *fleche des*
Il n'en faut plus douter ce billet attaché, *rampars,*
auec vne let-
tre attachée.

Esclaircit mon esprit d'vn mystere caché.
Ah! qu'vn si grand bon-heur me va combler de
 ioye,
Berenice elle mesme est celle qui l'enuoye:
Ie recognois sa main, ces mots qu'elle a tracés,
Et cet aymable nom me l'apprennent assez.

LETTRE DE BERENICE
A PHARNACE.

Si ie dois esperer que dans vostre pensée
De vostre chere espouse il reste vn souuenir:
Par les feux innocens de nostre amour passée,
Accordez moy le bien de vous entretenir.

BERENICE.

Tousiours ma volonté dependra de la tienne,
Aussi bien mon amour veut que ie t'entretienne.
Tu demandes vn bien que i'attendois de toy,
Et me fais la faueur que tu pretends de moy.
Mais ou mon œil me trompe, ou ie la voy paroi-
 stre,
Telle que dans les Cieux on void le soleil naistre.
D'vn esclat si soudain mes yeux sont esblouïs,
Et tous mes desplaisirs sont presque éuanouïs.
Dispose toy mon ame à souffrir vn reproche.
Ce pendant gardez bien que personne n'approche,
Si l'on veut m'obliger, qu'on se tienne vn peu loin,

Un secret important ne veut pas de tesmoin.

Emile & ceux qui sont auec luy rentrent & laissent Pharnace seul.

SCENE III.

PHARNACE. BERENICE.

PHARNACE.

A Peine iusqu'à toy puis-je estendre ma veuë,
Si i'auois moins d'amour, ie t'aurois méconuë.

BERENICE.

Cette méconnoissance est vn visible effect
Du honteux changement que tes crimes ont faict.
Pour moy ne voyant plus cette vertu que i'ayme,
Ie doute si Pharnace est encore le mesme.
Il a son premier port, son visage, ses yeux :
Mais il n'a point ce cœur que i'ay chery le mieux.
Il estoit vertueux, maintenant il est traistre.
C'est luy doncques, c'est luy que l'on doit méconoistre.

PHARNACE.

Quoy mon ame, c'est toy qui me traittes ainsi,
Deliure mon esprit d'vn si fascheux soucy.
De grace, mon espouse, esclaircis cette feinte.

F

BERENICE.

Ie ne reçoy ce nom qu'auec de la contrainte,
Ce tiltre est trop honteux à la fille d'vn Roy,
Et le serf des Romains est indigne de moy.
Celuy qui peut trahir l'auteur de sa naissance,
Qui s'arme contre luy d'vne lâche alliance,
Qui tient des ennemis des Sceptres empruntez,
Et qui reduit les siens dans ces extremitez,
Ne peut estre auoüé l'espoux de Berenice,
Elle aymoit son mary, mais elle hait le vice.

PHARNACE.

En quoy t'ay-je offensé, & quel crime commis
T'oblige à me traicter comme les ennemis ?
Il est vray, ie le suis, mais c'est de Mitridate,
Tu le dois estre aussi, si tu n'es point ingrate.
Si de sa passion ton esprit n'est guery,
Tu suiuras à clos yeux l'interest d'vn mary.
Nostre condition sera tousiours commune,
Tu dois aueuglement embrasser ma fortune :
Aymer tous mes amis, hair ceux que ie hay,
Et pour ne point faillir, faire ce que ie fay.

BERENICE.

Ie sçay ce que ie dois à la foy conjugale,
Mais sçache que mon ame est vne ame Royale
Qui ne peut sans contrainte appreuuer vn forfaict,

Ny loüer vn peché, quoy qu'vn mary l'ayt faict.
Conduy tes bataillons aux murs de cette ville,
Qui sert contre les tiens à toy mesme d'azyle.
Va porter la terreur aux lieux plus retirez,
Que le flambeau du iour ayt encor esclairés.
Rend des Cieux seulement tes conquestes bornées,
Arme toy, si tu veux, contre les destinées :
Et si tu ne me vois compagne de tes pas,
Publie hardiment que ie ne t'ayme pas.
Mais seruir les Romains contre ton propre pere,
Vsurper par sa mort vn throsne hereditaire,
Tenir le iour de luy, le luy vouloir oster,
Iuges-tu qu'en cela ie te doiue imiter ?
Sçache que ie croirois vne honte de viure,
Ayant eu seulement le penser de te suiure.

PHARNACE.

Ie commets vn peché que ie ne peux nier,
Mais tout ce que i'ay faict se peut iustifier.
Ie blesse mon honneur d'vne mortelle offense :
Mais les raisons d'Estat me seruent de dispense.
Mes parens delaissez, Mitridate trahy,
Ses soldats subornés, son pays enuahy,
Des ennemis mortels l'alliance embrassée,
Ses rampars assaillis, & sa ville forcée,
Me font paroistre ingrat, traistre, denaturé :
Mais i'ay, par ce moyen, mon repos asseuré.
Si ie tiens son party, ie perds vne Couronne,

Et cette trahison est ce qui me la donne.
Viure en homme priué, c'est n'auoir point de cœur,
Et le temps nous l'apprend de ceder au vainqueur.
I'ay pour tous ces malheurs vn desplaisir extreme:
Mais si ie ne le perds, ie me perdray moy mesme.
Mon salut seulement contre luy m'a poussé,
Et ie peche bien moins, quand ie peche forcé.

BERENICE.

Tu te couures en vain d'vne honteuse feinte,
Tu ne peux t'excuser sur aucune contrainte,
Ayant suiui par tout ton propre mouuement,
Et ton ambition t'a perdu seulement.

PHARNACE.

Ouy, de tous ces malheurs elle est la seule cause,
Mais c'est par vne loy que l'honneur nous impose:
Elle n'a peu souffrir de me voir abbaissé,
Regretter le debris d'vn throsne renuersé,
Voir mes iours & les tiens dans vn hõteux seruage,
Et receuoir des fers, au lieu de rendre hommage.
Quand tu m'as creu sans cœur, ton esprit s'est deçeu,
Et ie n'en aurois point pour en auoir trop eu.
I'ayme mieux estre Roy me soumettant à Rome,
Qu'estre sans liberté pour soustenir vn homme.
Mais mon ame, quittons ce discours importun,
Cherchons quelque remede à nostre mal commun,
Qui de tous mes plaisirs ne permet que la veuë,

DE MITRIDATE.

Et si dans ce Palais tu n'es point retenuë,
Permets que tes beaux yeux m'esclairẽt de pl⁹ pres,
Laisse-là Mitridate & tous ses interests.
Iette toy dans les bras d'vn mary qui t'adore,
Accorde le remede au feu qui me deuore.
Et puis qu'il ne peut viure estant priué de toy,
Donne luy maintenant des preuues de ta foy.
Ne crois point dans ce lieu ta seureté certaine,
Mitridate sur toy deschargera sa haine,
Quoy qu'il ayt iusqu'icy differé ton trespas,
Ce cruel à la fin ne t'espargnera pas.

BERENICE.

Ton pere genereux ne m'a iamais traittée,
Que comme ses enfans, ou comme Hypsicratée,
Ie n'ay point dependu des volontez d'autruy,
Ie puis t'accompagner, ou viure aupres de luy.
Et cette liberté qu'il m'a tousiours donnée,
A faict ioindre mon sort auec sa destinée.
Le nœud qui nous estreint ne se peut separer,
Et pour nous & pour luy ie te viens coniurer,
Par cette saincte amour que tu m'auois promise,
De destourner l'effect d'vne lâche entreprise,
Employer ta valeur contre des estrangers.
Apres ce repentir tes crimes sont legers,
Mitridate indulgent en perdra la memoire,
Tu te couronneras d'vne derniere gloire,
Et par tout cet honneur suiura tousiours tes pas,

F iij

LA MORT

Qu'apres auoir vaincu tu n'en abuses pas.

PHARNACE.

O Dieux! se peut-il bien que ma fidele espouse
De ma prosperité soit maintenant ialouse?
Me conseille ma perte, au lieu de l'empescher,
Et s'oppose à mon bien, qu'elle deut rechercher.

BERENICE.

Ie ne m'oppose pas au bonheur de Pharnace,
Mais ie veux destourner le mal qui le menace.
Ie le veux garentir de la foudre des Dieux,
Leur extréme bonté m'a desillé les yeux,
Elle m'a fait preuoir ta prochaine ruine,
I'apprehende pour toy la vengeance diuine:
Ceste pœur, plus que tout, me faict venir icy,
Pharnace, que le Ciel te fauorise ainsi:
Que dans tous tes projects la fortune prospere
Te face surpasser la gloire de ton pere,
Que tu sois souuerain sur tous les autres Roys.
Escoute mon discours pour la derniere fois.
Par cette passion, que mes yeux firent naistre,
Par la fidelité, que ie t'ay fait paroistre,
Par ces feux innocens dans nos ames conceus,
Par ces sacrez sermens & donnez & receus,
Par les chastes flambeaux de l'amour conjugale,
Et par mille tesmoins d'vne amitié loyale,
Ne me refuse point la grace que ie veux,

Ton honeur seulement faict naistre tous mes vœux,
Et que iamais le Ciel ne me soit fauorable,
Si toy seul, plus que tous, ne m'es considerable.
Que si mes premiers droicts me sont encor permis,
Si tu ne me tiens pas au rang des ennemis,
Si ie te puis nommer mon espoux & mon ame,
Et si ton cœur retient quelque reste de flame,
Si du bonheur passé le souuenir t'est doux,
Esleue vn peu tes yeux, voy ta femme à genoux.
Considere les pleurs, qui coulent sur sa face,
Et pour quels ennemis elle attend vne grace:
Ie parle pour tes sœurs, pour ton pere & pour moy,
Et bien plus que pour nous, ie demande pour toy.

PHARNACE.

Ah! que i'embrasserois l'occasion offerte,
Si dans ta volonté ie ne voyois ta perte.
Le serment que i'ay faict, ne se peut rappeller,
Et si tu m'aymes bien tu n'en dois plus parler.

BERENICE.

Quel scrupule bōs Dieux! tu crains d'estre pariure,
Et non pas d'offenser le Ciel & la nature.
Des sermens violez sont des crimes trop grands,
Et tu ne rougis point de trahir tes parens,
De porter le trespas dans le sein de ton pere,
Ouy, Pharnace, il le faut, ton crime est necessaire,
Ayant donné la foy qui t'engage aux Romains,

Ce pere infortuné doit perir par tes mains.

MITRIDATE.

Si ie fausse ma foy, ma perte est sans remede,
Et ce n'est pas des Dieux que ma crainte procede,
Ce scrupule honteux est indigne d'vn Roy :
Mais si ie veux trahir de plus puissans que moy,
Qui me destournera la mort & l'infamie,
Et que pourray-je faire ayant Rome ennemie ?

BERENICE.

Et qu'a faict Mitridate ?

PHARNACE.

Il s'est en fin perdu.

BERENICE.

Ouy, parce que son fils luy mesme l'a vendu.

PHARNACE.

Mais inuente vn moyen pour éuiter l'orage.

BERENICE.

Tu n'en dois rechercher qu'en ton propre courage,
Tout autre expedient est blasmable & honteux.

PHARNACE.

Celuy là, plus que tous, temeraire & douteux.

DE MITRIDATE.

Il n'eſt inuention qui ne ſoit inutile,
Et ie rechercherois vainement vn azyle,
Puis que tout l'vniuers ne me peut garentir:
Si de cette promeſſe on me voit repentir.
Ne me preſſe donc plus d'vne choſe impoſſible,
Ma reſolution ſe maintient inuincible:
Et ie iure le Ciel qui me vit engager,
Qu'il n'eſt rien d'aſſez fort pour me faire changer.

BERENICE.
Et i'atteſte des Dieux la puiſſance abſoluë,
Que tu me cognoiſtras de meſme reſoluë,
Deſormais mon deſtin ſe ſepare du tien.
Adieu ie ne puis plus ſouffrir ton entretien,
Croy, ſi tu me reuois que tu me verras morte. *Berenice s'en va.*

PHARNACE.

Tu ne peux alleguer vne raiſon ſi forte,
Mais elle diſparoiſt ainſi qu'vn prompt eſclair,
Berenice mon ame, ô Dieux! ie parle à l'air.
Ce Palais orgueilleux la derobe à ma veuë,
Mais croy que vainement tu me l'as retenuë.
Deuſſay-je de mes mains ſaper tes fondemens,
Me ſeruir contre toy de tous les elemens,
Tu me rendras vn bien que le Ciel te deſtine,
Pour inſtrument fatal de ta proche ruine.

G

LA MORT

ACTE IIII.

SCENE PREMIERE.

MITRIDATIE. NISE. MITRIDATE.
HYPSICRATEE. BERENICE.

MITRIDATIE.

Ous vous en conjurons par ces sacrez
genoux,
Par la clarté du iour que nous te-
nons de vous,
Ne courez pas si tost à ce dernier remede.

NISE.

De vous seul maintenant nous esperons de l'ayde,
La honte ne peut rien sur la necessité,
Et l'on doit tout tenter en telle extremité.

MITRIDATE.

Quoy vostre lâcheté sera donc satisfaite,
Pourueu qu'à cet ingrat son pere se soumette,
Implorant la merci d'vn fils denaturé.

Non, quand bien ce moien me seroit asseuré,
Quand ma submission me rendroit la Couronne,
C'est achepter trop cher le bien qu'elle me donne.

HYPSICRATEE.

Si vous me reseruez vn reste d'amitié,
D'vn espoux que i'adore aiez quelque pitié.
Conseruez-le pour moi, puis que sa propre haine,
Veut obliger mourant l'inimitié Romaine :
Et qu'auant le malheur qui lui peut auenir,
Par sa main meurtriere il le veut preuenir.
Les Dieux sçauent assez le soin que i'ay de viure,
Et si i'ay de desir, que celuy de vous suiure.
Mais si vous negligez le moien de guerir,
Je mourray mille fois en vous voiant mourir.
Et de grace, essaiez de flechir son courage,
Il ne pourra souffrir l'éclat de ce visage,
Et se ressouuenant qu'il ne vit que par vous,
Vous le verrez sans doute embrasser vos genoux.

MITRIDATE.

Perdez chere moitié, ce reste d'esperance,
L'amour & le deuoir ont beaucoup de puissance :
Mais à ce que l'amour tente inutilement,
Le deuoir negligé trauaille vainement.
Puis qu'il a reietté les vœux de Berenice,
Les hommes, ni les Dieux n'ont rien qui le flechisse.
Tout est indifferent à ce monstre affamé,

LA MORT

Le bonheur seulement d'vn throsne l'a charmé,
Et le desir brutal d'vne grandeur legere,
Luy fait trahir ses sœurs, son espouse, & son pere.

BERENICE.

Pour le salut commun i'ay faict ce que i'ay peu,
Ie n'en veux pour tesmoin que le Ciel qui l'a veu:
Que sa iustice esclatte, & me face vn reproche,
Si i'ay rien espargné pour flechir cette roche.
Mais si dans mon dessein i'ay si mal reüssi,
Peut-estre du depuis ce tigre est adouci,
Peut-estre qu'vn remords de son crime le touche,
Et qu'il a despouillé ce sentiment farouche.
Pour moi i'ay faict aux Dieux vn solennel ser-
    ment,
Qu'il ne me reuerroit que morte seulement.
Ie ne tascherai plus d'émouuoir ce barbare,
Et suiurai le destin que le Ciel nous prepare.

HYPSICRATEE.

I'attens de mon espoux ce seul bien desormais,
Et s'il me le refuse, il ne m'aima iamais.
Ouy ie vous veux prier par les preuues données,
De ma fidelité, des mes tendres années,
D'abaisser ce grand cœur pour vne seule fois:
Sçauoir ceder au temps, c'est la vertu des Rois.
Vous n'entreprenez rien qui tache vostre gloire,
Et vous gaignez sur vous vne grande victoire.

DE MITRIDATE.

Est-ce commettre vn acte indigne de son rang,
Que dans l'extremité prier son *propre* sang?

MITRIDATE.

Ouy ie veux accorder tout ce que tu demandes,
Et ie me porterois à des preuues plus grandes.
Tu dois, ma chere espouse, esperer tout de moi,
Puis que ie meurs ingrat, si ie ne meurs pour toi.
Allons rendre vn combat qui m'est plus difficile,
Que de rompre les murs de la plus forte ville.
Le Ciel m'a veu rougir seulement aujourd'hui :
Ie lui donnai la vie, & ie l'attens de lui.

SCENE II.

EMILE. PHARNACE.

EMILE.

IE voudrois moderer ceste ardeur aueuglée:
Oui, vostre passion me semble desreglée.
Elle vous fait faillir & contre vos amis,
Et contre ce deuoir que vous auez promis.
Souuenez-vous Pharnace, & que vous estes hom-
me,
Et que vostre pouuoir est allié de Rome:
Pour estre digne ami d'vne telle cité,
Reprenés ce grand cœur que vous auez quité.

Ie sçai bien que le trait dont vostre ame est blessée,
Innocent comme il est, plaist à vostre pensée.
Et ie n'ignore pas qu'on ne sçauroit blasmer
Les legitimes feux qu'hymen faict allumer.
Mais

PHARNACE

Emile du moins permets que ie souspire,
Pour aimer mon espouse ai-je trahi l'Empire?
Et si ie plains mon cœur que ie ne puis reuoir,
Me iuges-tu sorti des termes du deuoir?
Mais du haut du Palais i'oy le bruit des trōpettes,
Et voy les legions à l'assaut toutes prestes.
Dieux! ie voy Mitridate au haut de ces rampars,
Que dois-je faire Emile?

EMILE.

Y lancer tous nos dars,
Perdre cet ennemy dont la vie est fatale.

PHARNACE.

I'abhorre le conseil d'vne ame si brutale.
Doit-on traiter ainsi la personne des Rois?
Non, ie luy veux parler pour la derniere fois.
Dans cette extremité c'est tout ce qu'il demande,
Aussi ne puis-je faire vne grace plus grande.
Approchez, ie veux bien que vous soyez tesmoin,
Que ie possede vn cœur qui resiste au besoin.

Que rien n'esbranlera la foy que i'ay promise,
Et que ie sçay par tout conseruer ma franchise.
Mais que mon cœur pressé de diuers mouuemens,
Garde, auec regret, ses premiers sentimens.
N'importe, tesmoignons vne constance extréme,
Et que l'amy de Rome a sceu vaincre soy-mesme.

SCENE III.

MITRIDATE. PHARNACE.

MITRIDATE.

TV me vois incertain à qui ie dois parler,
Si le pouuoir passé se pouuoit rappeller :
Et si i'auois encor la fortune prospere,
Ie te commanderois, ie parlerois en pere.
Comme tel i'vserois d'vn pouuoir absolu,
Et l'on obserueroit ce que i'aurois voulu.
Mais puis qu'il faut subir ce que le Ciel ordonne,
Et que ie perds mes droicts en perdant ma Cou-
    ronne :
Ie me dois prosterner deuant mon propre fils,
Et faire plus à luy que iamais ie ne fis.
Ah! Pharnace, à quel point tu t'es rendu coupable,
As-tu cogneu de crime à ton crime semblable ?
Ie ne demande point que tu rendes mes biens,
Possede-les, Pharnace, ils deuoient estre tiens.

Mais tu les receurois auec moins d'infamie,
Les receuant de moy que de mon ennemie.
Pourquoy viens-tu gaigner par ce honteux secours,
Ce qu'on te differoit seulement quelques iours?
Est-ce pour te vanger d'vne iniure receuë?
As-tu pour quelque offense vne haine conceuë?
Parle, descouure moy le mal que ie t'ay fait:
Si i'en suis esclairci, i'en seray satisfait.

PHARNACE.

Ie ne vous redis point la cause de ma haine,
I'ay suiuy par raison l'alliance Romaine:
Ma femme qui l'a sçeu vous a dit le sujet.
Ie n'ay point vostre mal, mais mon bien pour objet.

MITRIDATE.

Croy que tu te repais d'vne vaine esperance,
Et tu te crois heureux contre toute apparence:
Rome pour son profit aime la trahison,
Mais elle hait le traistre auec trop de raison.
Quoy que pour la seruir ta haine degenere,
Sçache qu'elle craindra mesme fort que ton pere.
Et tu seras payé du salaire attendu,
Lors qu'elle te perdra, comme tu m'as perdu.
Si son ambition n'estoit si fort connue,
Qu'on ne peut l'ignorer au point qu'elle est venuë:
Ie croirois qu'vn appas auroit peu t'abuser,
Et qu'ainsi ton peché se pourroit excuser.

Mais si bien informé du pouuoir tyrannique,
Que l'on voit vsurper à cette Republique,
Es-tu si ieune encor de te laisser piper,
Dessous de faux esclats qui te doiuent tromper?
Peux-tu voir sans fraieur ces ames desloiales,
S'enrichir tous les iours de despouilles Roiales?
Fouler sensiblement tous ceux qu'ils ont soumis,
Et tenir tous les Rois pour mortels ennemis,
Leur rauir la franchise auec le Diademe,
Sans te representer qu'ils te feront de mesme.
Ah! Pharnace reuien dans ton premier deuoir,
Puis que ta liberté depend de ton vouloir,
Que tu peux secouër le ioug qui te menace,
Et reprendre des tiens la glorieuse trace.
Il est encores temps, ie veux tout oublier.
Que si de mes haineux tu te dois alier,
Si l'Asie à tes veux ne paroist assez ample,
Fais que tout l'vniuers me traite à ton exemple.
Arme les plus puissans & les plus inhumains,
Pourueu que tu ne sois esclaue des Romains,
Ce nom est odieux au sang de Mitridate,
Et de quelque bon-heur que ton espoir se flatte,
Quelques remords secrets te font auec raison,
Hair les ennemis de toute ta maison.
Ouy, quoy qu'idolatrant la puissance latine,
Vn instinct naturel te pousse à sa ruine.
Tu voudrois t'agrandir par vn double malheur,
Puis que nostre genie est ennemy du leur,

LA MORT

PHARNACE.

Ayant auec le laict l'inimitié conceuë,
Ie conseruay long-temps l'impression receuë,
J'eus de l'auersion pour l'Empire Romain,
N'espargnant contre luy ny mon sang ny ma main,
Mais pendant les fureurs d'vne sanglante guerre,
Qui presque d'habitans a depeuplé la terre.
Parmy tous nos combats se peut-on figurer,
Vn malheur que l'on doiue au nostre comparer?
Tant de sang respandu, tant de troupes rompuës,
Mille piteux debris de batailles perduës,
L'image de la mort cent fois deuant nos yeux,
Le plus souuent vaincus, par fois victorieux,
Et dans l'extremité nos personnes reduites,
A chercher leur salut dans de honteuses fuittes,
M'ont fait iuger en fin qu'il n'estoit pas permis,
D'auoir sans ce malheur les Romains ennemis,
La force a fait contr'eux des efforts inutiles,
Et ma sumission m'a basty des azyles.
Si vous voulez tenter vn semblable moyen,
Mon exemple suiui ne desesperés rien,
Cette Reine du monde à vaincre accoustumée,
Se vainc par la douceur mieux que par vne ar-
    mée,
Implorez la mercy de ce peuple clement,
Et vous n'en receurez qu'vn pareil traitement,
Si ie puis enuers luy vous rendre vn bon office,

DE MITRIDATE.

Esperez de mes soins vn fidele seruice,
I'employeray mon credit.

MITRIDATE.

Il seroit superflu.
Si tu cognois ton pere il est trop resolu,
Le plus affreux tombeau me plaira d'auantage,
Que de rendre aux Romains vn si honteux homage,
Implorer la clemence & receuoir des loix,
De ceux que ma valeur a vaincu tant de fois,
Outre que ce moyen me seroit inutile,
I'ay versé trop souuent le sang de cette ville,
Et celles de l'Asie en ont assez receu,
Pour estouffer l'espoir que i'en aurois conceu.
Cent mille citoyens, de qui la destinée
Se finit dans le cours d'vne seule iournée,
Flacce, Cotta, Fimbrie, & Triaire, vaincus,
Cent trophées dressés de leurs pesans escus,
Et mille autres tesmoins d'vne sanglante haine,
Ne me peuuent laisser qu'vne esperance vaine.

PHARNACE.

Tigrane ce pendant qui les auoit trahis,
A par ce seul moyen recouuert son pays:
Rome considerant son rang & sa personne,
Sur sa teste abaissée a remis la couronne,
Et ce que son armée a tenté vainement,
Vn simple repentir l'a fait en vn moment.

LA MORT

MITRIDATE.

Tu peux encore mieux confirmer ta pensée,
En m'alleguant Siphax, ou Iugurte, ou Persée,
Qui dans le capitol honteusement trainés,
Aux plus sombres cachots se virent confinés:
Où leurs Roiales mains de fers furent chargées,
Et par la seule mort de leurs poids soulagées.
Ceux là n'eurent-ils point la qualité de Roy,
Ou s'ils auoient paru plus ennemis que moy?
Ah! Pharnace tu sçais à quoy Rome destine
Ceux qui se sont armez pour sa seule ruine.
La prison & la mort sont les moindres des maux,
Qu'vn superbe Senat impose à mes égaux.
Tu le sçais & poussé d'vne impudence extréme,
Tu me peux sans rougir le conseiller toy-mesme.
Il reste seulement que de ta propre main,
Tu m'attaches au char de l'Empereur Romain,
Et ioyeux de ma honte & de ton infamie,
Triomphes de ton pere auec son ennemie.
Charge de fers pesans mon espouse & tes sœurs,
Et t'estimes heureux parmy tant de douceurs.
C'est la gloire d'vn fils, c'est ce que la naissance
Me faisoit esperer de ta recognoissance,
En t'aquitant ainsi tu t'aquites assez,
Tous les bienfaicts reçeus sont trop recompensés
Les soins que i'eus de toy des tes ieunes années,
Rendent par ton appuy les miennes fortunées.

Ah! mon fils si ce nom m'est encore permis,
En quoy t'ay-je despleu, quel crime ay-je commis,
Qui te puisse obliger à m'estre si contraire?
Ne t'ay-je pas rendu tous les deuoirs d'vn pere,
Et de tous les enfans que le Ciel m'a donné,
Ne t'ay-je pas toy seul au trosne destiné?
Pour te le garentir des puissances Romaines,
N'ay-je pas espuisé tout le sang de mes veines.
N'ay-je pas mieux aimé les malheurs arriuez,
Que de voir mes enfans viure en hommes priuez?
A mes propres despens i'ay recherché ta gloire,
Et tu la veux souiller d'vne tache si noire.
Que si tu ne demords d'vne telle fureur,
Les siecles auenir en fremiront d'horreur.
Ne viole donc plus les loix de la nature,
Regarde pour le moins celuy qui te coniure,
Et si tu te souuiens de sa condition,
Le sang sera plus fort que ton ambition.

PHARNACE.

Je coniure les Dieux de me traiter de mesme,
Si pour vostre malheur mon regret n'est extréme.
Ie n'ay rien oublié de ce que ie vous dois,
Mais ie vous rediray pour la derniere fois,
Que ce que vous voulez n'estant en ma puissance,
Ie me croy dispensé de mon obeissance.
Ie ne suis plus à moy, ie despend des Romains,

LA MORT

Leur pouvoir me retient & m'attache les mains,
Non, la force du sang n'est pas encore esteinte,
Et pechant envers vous ie peche par contrainte.
Ie vous ayme, mais i'ay de l'amitié pour moy,
Et ne veux point perir en violant ma foy.
Ma resolution sera tousiours entiere,
Ce que ie puis pour vous c'est d'user de priere.

MITRIDATE.

Non tigre, non cruel, ie n'en espere rien,
Et si ie t'ay prié ce n'est pas pour mon bien,
Cette sumission fait honte à ma memoire,
I'ay prié pour tes sœurs voila toute ta gloire,
C'est vn dernier effort qu'elles ont obtenu,
Et ton pere pour soy se seroit retenu,
Apres auoir produit vn monstre epouuantable,
La lumiere du iour luy seroit effroyable.
C'est le seul deshonneur dont ses iours sont tachés,
Tes crimes seulement luy seront reprochés.
I'ay vescu glorieux, ie mourray dans ma gloire,
Et tu n'obtiendras pas vne entiere victoire.
Ne m'ayant point privé du secours de ma main,
Tu ne me verras pas au triomphe Romain.
Mais puis que de mes iours la course se termine,
I'appelleray mourant la vengeance diuine.
I'inuoqueray les Dieux en ma iuste douleur,
Qui t'enuelopperont dans mon dernier malheur,
Ils combleront d'horreur ta vie abominable,

Ils te rendront aux tiens, à toi-mesme execrable.
Tu ne verras par tout que des suiets d'effroy,
Tu te voudras cacher & du Ciel & de moy,
De qui l'ombre à tes pas d'une suitte eternelle
Affligera par tout ton ame criminelle.
Au lieu de ce repos que tu t'estois promis,
Tu seras le plus grand de tous tes ennemis.
Escoute ce pendant un esprit prophetique,
Tu seras ruiné par cette Republique,
Et ces mesmes Romains, à qui tu fais la cour,
Te mettront à neant par la guerre d'un iour.
Un plus puissant guerrier que Luculle & Pompée,
Te vaincra sans effort presque d'un coup d'espée.
Et prenant l'interest des Romains & de moy,
Sa main me vangera de Pompée & de toy.

PHARNACE

Les Dieux comme ils voudront feront mes desti- Mitridate
   nées. rentre.

SCENE IIII.

MITRIDATIE. NISE. PHARNACE, HYPSICRATEE.

MITRIDATIE.

HE! mon frere voyez vos sœurs infortunées,
Si toute l'amitié n'est esteinte chez vous,
Amollissez ce cœur, ayez pitié de nous,
Ie demande à genoux le salut de mon pere.

NISE.

Nous vous en coniurons par ce doux nom de frere,
Par ce deuoir du sang qu'on ne peut oublier,
Et par cette amitié qui nous souloit lier.

PHARNACE.

Ie vous l'accorderois estant en ma puissance,
Mais de tous ces deuoirs la force me dispense.
Ie vous l'ay desia dit, ne m'importunés plus,
Puis que c'est perdre en l'air des discours superflus.

HYPSICRATEE.

On ne peut donc flechir cet esprit indocile,
Ah perfide, les tiens te seruent d'vn azyle.

Tu braues insolent, entre mille estandars.
Que s'il m'estoit permis de quitter ces rampars,
Si nous pouuions nous deux démesler la querelle,
Et finir par nos mains vne haine mortelle :
Tu ne te croirois pas en telle seureté.
Mais non, reçoy des Dieux le loyer merité.
Cette main rougiroit d'auoir taché sa gloire,
Par vne si honteuse, & facile victoire,
On te verroit perir trop honorablement,
Et tu dois trebucher du foudre seulement.
De quelque vanité que ton esprit se flatte,
Ie ne te creus iamais du sang de Mitridate.
Ces prodiges d'horreur, & cette trahison,
Ne sçauroient proceder d'vne telle maison.
Si ta brutalité prit naissance d'vn homme,
Tu nasquis seulement d'vn esclaue de Rome :
Mais ostons nous d'icy, plus genereuses sœurs,
Allons dans le trespas gouster plus de douceurs,
Que dans cet entretien qui merite vn reproche.
Aussi nous ne sçaurions esmouuoir cette roche,
Les pleurs que vous versez luy sont indifferents.

MITRIDATIE.

Adieu monstre alteré du sang de tes parens.

NISE.

Puis que tous ces obiets n'ont peu toucher ton ame,
Tu ne reuerras plus, ny tes sœurs, ny ta femme.

I

SCENE V.

EMILE. PHARNACE.

EMILE.

Que vous estes sorty d'vn combat dangereux,
Rome ne vit iamais rien de si genereux :
Ie luy rapporteray cet' illustre victoire,
Elle en conseruera longuement la memoire :
Et la recognoistra par de si grands bienfaicts,
Que vous serez heureux par dessus vos souhaits.

PHARNACE.

Ah! c'est trop achepter le bien que i'en espere,
Toutefois ie veux bien acheuer de luy plaire.
Allons soyez tesmoin comment i'ay combatu.

EMILE.

I'iray dans le Senat loüer vostre vertu,

ACTE V.

SCENE PREMIERE.

MITRIDATE. HYPSICRATEE.
MITRIDATIE. NISE.

MITRIDATE.

Eux qui font vn bien veritable,
D'vn bon-heur instable & mouuant,
Charmez d'vn appas deceuant,
Ne sont fondez que sur le sable.
Par vne aueugle passion,
Ils bornent leur ambition,
Des plaisirs qu'vn Sceptre nous donne.
Mais si tous auoient comme moy,
Senty le poids d'vne couronnne,
Vn berger craindroit d'estre Roy.

Ils paroissent dans la chambre auec vne coupe sur la table.

Gloire, grandeurs, Sceptres, victoire,
Vous fustes mes honneurs passez,
Et de ces tiltres effacez,
Ie n'ay gardé que la memoire,

Tout mon bon-heur s'esuanouït,
Mais le perfide qui iouït
Du bien que son crime luy donne:
Un iour auoura comme moy,
Que s'il cognoissoit la couronne,
Un berger craindroit d'estre Roy.

Il n'est point de haine & de rage,
Dont le sort ne m'ait poursuiuy:
Mais il ne m'a pas tout rauy,
Puis qu'il me laisse le courage.
Doncques ne deliberons plus,
Tous ces regrets sont superflus,
Faisons ce que le Ciel ordonne,
Et nos nepueux diront de moy,
Que si ie perds vne couronne,
Ie conserue le cœur d'vn Roy.

Ah ! c'est trop consulter sur vn point necessaire.
Mourons, puis que la mort est vn port salutaire.
Rome qui craint encor vn si grand ennemy,
Tandis que ie viurai, ne viura qu'à demy.
Deliurons-la de crainte & soulageons Pharnace,
Ie dois faire à mon fils cette derniere grace,
Et laisser par ma mort vn Sceptre entre ses mains,
Qu'il receura de moy plustost que des Romains.
Ce que Sylla n'a peu, Luculle, ni Pompée,
Ie l'ay dans le pommeau de ma fatale espée.

DE MITRIDATE.

Ce poison que ie garde auec beaucoup de soin, Il prend le poison du pommeau de son espée, & le detrempe dans vne couppe.
Comme i'auois preueu, me sert à ce besoin.
Donnez-moi cette couppe, & faites que ie voie
Des signes sur ces fronts d'vne parfaite ioie,
Ne me trauaillez point de nouuelles douleurs,
C'est enuier mon bien que d'en verser des pleurs.
C'est rendre à vostre pere vn tres mauuais office.
Si son mal vous deplaist, permettez qu'il finisse.
Appreuuez le secours qu'il reçoit de sa main,
Et preferez sa mort au triomphe Romain.

NISE.

Les pleurs qui malgré nous coulent sur nos visages,
Ne sont pas des effets de nos foibles courages.
Vos filles comme vous ont des cœurs genereux,
Mais vn peu de douleur sied bien aux malheureux.
La mort qui nous depleust a maintenant des charmes :
Mais regarder la vostre & retenir ses larmes,
Seroit se despouiller de toute humanité.

MITRIDATIE.

Toutefois ce regret tient de la lâcheté,
Ne nous opposons plus au vouloir de mon pere,
La mort est plus sensible, alors qu'on la differe.
Puis que rien maintenant ne nous peut secourir,
I'appreuue comme vous le dessein de mourir.

I iij

Dans un autre climat ie vous suiurai contente,
I'aurois vescu captiue, & ie meurs triomphante,
Nous changerons de vie & de condition.

MITRIDATE.

Ce courage me plaist, & cette affection.
O d'un bon naturel exemple memorable!
Mais puis que ie vous perds serai-je pardonnable,
Sans vous interesser contre mes ennemis,
Auec de puissans Rois qui vous estoient promis,
Vous pouuiez doucement voir couler vos années,
Et celui qui les fist couppe vos destinées,
Ah! le plus grand regret qui me suit au tombeau.

HYPSICRATEE.

Ne dois-je point rougir d'un exemple si beau?
Et pourrai-je preuuer à mon cher Mitridate,
Qu'apres tant d'amitié ie ne suis pas ingrate.
S'il ne peut profiter du seruice d'autrui,
Qu'on ne le peut sauuer en se perdant pour lui,
Comment m'est-il permis de tesmoigner mon zele?

MITRIDATE.

Ah! mon cœur ce discours te rendroit criminelle,
Par le flambeau du iour ie n'ai iamais douté,
Qu'on ne void rien d'egal à ta fidelité.
Ta vertu, ton amour, n'ont rien de comparable,
Ie suis le plus ingrat & le plus redeuable.

DE MITRIDATE.
HYPSICRATEE.
Si ma fidelité vous oblige à ce point,
Ie vous demande vn bien, ne me refusez point.
Permettez moy, Seigneur, de mourir la premiere.

MITRIDATE.
Ie te fais, ma chere ame, vne mesme priere,
Espreuue mon amour par de plus grands efforts,
Et ne me force point de souffrir mille morts,
Il suffit que la tienne.

HYPSICRATEE.
               O trop legere excuse?
Donc pour ce dernier bien mon espoux me refuse?
Est-il quelque raison qui l'en peut dispenser?

MITRIDATE.
Mais me le demandant crois-tu pas m'offenser?
Et si pour mon repos quelque soin il te reste,
Veux-tu rendre ma mort mille fois plus funeste?
Toutefois ie craindrois de te mescontenter,
Et iusques au tombeau ie te veux respecter.
On ne peut deslier le nœud qui nous assemble,
Mais puis qu'il faut perir, nous perirons ensemble.
Nous deuons expirer tous deux en mesme temps,
Et nous expirerons l'vn & l'autre contens.
Poison qui dois coupper vne trame si belle,

LA MORT

<small>Il prend la couppe.</small>

Fais sur moy ton effect, adoucis toy pour elle,
Modere pour un peu tes violens efforts,
Pour la priuer de vie ils sont bien assez forts,
Preste luy sans douleur un secours fauorable,
Et sois à ces beautez un bourreau pitoiable.
Mais c'est trop differer.

NISE.

<small>Il auale le poison.</small>

O Ciel trop inhumain!

MITRIDATE.

Reçoy, chere moitié, ce reste de ma main,
Puis qu'à toy seulement mon ame fut ouuerte,
Iuge auec quel regret ie consens à ta perte,
Que c'est pour fuir un ioug & honteux & pesant.

HYPSICRATEE.

Ah! que vostre amitié m'oblige en ce present,
Ouy tout ce que i'ay fait vaut moins que cette
  grace.
Mais receuons la mort auec la mesme face,
Que nous l'auons brauée aux plus affreux dangers,
Chez nous tous ses tableaux ne sont plus estrangers.

<small>Elle auale le poison.</small>

Ce poison agreable est la fin de nos peines.
Ie sens que sa froideur se coule dans mes veines,
Qu'une sueur de mort s'empare de mon front,
Presages d'un succes tres heureux & tres prompt.

MITRI.

MITRIDATIE.

Quelle honte ma sœur de mourir les dernieres?
Quoy donc attendrons nous de nous voir prison-
　　nieres?
Et tandis qu'il nous reste & le cœur & les mains,
Deuons nous esperer le secours des Romains?
Imitons sans regret vne vertu si rare,
Ne fuions point l'honneur que la mort nous prepare.
Monstrons que nostre sexe a du cœur à son tour,
Et fuyons le triomphe en nous priuant du iour.
Vous nous l'accorderez,

MITRIDATE.

　　　　　　Ouy, ie vous en dispence,
Et vous laisse sur vous vne entiere puissance.
La mort aux malheureux est vn trop grand bon-
　　heur,
Et ie l'ayme bien mieux que vostre deshonneur.

MITRIDATIE.

Puis que pour mon salut mon seigneur me l'ordōne, *Elle prend le poison, & presente la coupe à Nise qui en fait de mesme.*
Ie vay donc me seruir du pouuoir qu'il me donne.
Ie vous offre la mort & i'attends le pardon.

NISE.

Ie reçoy de bon cœur cet agreable don.

K

SCENE II.

BERENICE. MITRIDATE. HYPSICRATEE. MITRIDATIE. NISE.

BERENICE.

Berenice qui entre & les void en ceste posture, se iette aux pieds de Mitridate.

O Vous grand Mitridate, & vous Hypsicratée,
Quel crime ay-je commis pour estre reiettée ?
Pourquoy le mesme honneur ne me sera permis ?
Suis-je d'intelligence auec vos ennemis ?
Si ie ne consens pas au peché de Pharnace,
Que ne m'accorde-t'on vne pareille grace ?

MITRIDATE.

Parce qu'en vous perdant i'offencerois les Dieux,
Vostre premier destin se va changer en mieux,
Receuez le bonheur que le Ciel vous enuoye.

BERENICE.

Mon esprit desormais incapable de ioye,
Ne verroit ces bonheurs que comme indifferens,
Et quittant vn ingrat ie suiuray ses parens.

HYPSICRATEE.

Si dans nostre trespas vous n'estes appellée,
C'est parce qu'en nos maux vous n'estes point meslée,
Vostre seule vertu qui cause ces desirs,
Vous fait participer à tous nos desplaisirs.
Mais pour nous secourir serez vous malheureuse,
Et deuez vous perir pour estre genereuse ?
Pour nostre seule gloire, ou bien pour son amour,
Mitridate consent que ie perde le iour.
Il coupe par pitié ma trame infortunée,
Pour ne me voir iamais en triomphe menée,
Mesme sort attendoit ces courageuses sœurs.
Mais vous à qui nos maux destinent des douceurs,
Qui pouuez respirer sous vne autre fortune.
Vous vous exempterez de la perte commune,
Vostre esprit desormais pourra viure content,
Et des mains d'vn mary le Sceptre vous attend.

BERENICE.

Si ie n'auois pour vous vn respect veritable,
Cette offence enuers moy seroit irreparable.
Vne ame vertueuse abhorre vn tel honneur,
Sur d'autres fondemens ie bastis mon bon-heur.
Ie deteste le bien qu'vn perfide me donne,
Et deut tout l'vniuers reuerer ma couronne,
Les Princes plus puissans se soumettre à mes loix,
Le trespas où ie cours me plaist mieux mille fois.

LA MORT

Ne me faites donc plus une vaine defence,
Puis que ie me roidis contre la resistance,
Que le fer, & le feu, m'en feront la raison,
Si vous me refusez la grace du poison.

MITRIDATIE.

Par la sainte amitié qui ioint nos destinées,
Ma sœur ayez pitié de vos ieunes années.

BERENICE.

Cette mesme amitié me conduit au trespas,
Ie veux dans les enfers accompagner vos pas,
Et le sacré lien d'une amitié si rare,
Mesmes apres la mort iamais ne se separe.
Si la mienne chez vous me laisse du pouuoir,
Ne me conseillez point contre vostre deuoir.

Elle se iette derechef aux pieds de Mitridate.

Et vous, dont la bonté m'a conserué la vie,
Ne vous opposez plus à ma derniere enuie.
Vous deuez le trespas à ma premiere amour,
Et vous vous offensez de me laisser le iour.
Vous me deuez haïr d'une pareille haine,
Que celuy qui vous perd pour l'amitié Romaine.
Et son ressouuenir vous doit rendre odieux,
Comme un mõstre d'horreur, ce qu'il aima le mieux.
Ne differez-donc plus, accordez-moy de grace,
Ce qu'aussi malgré vous il faudra que ie face.

DE MITRIDATE.
MITRIDATE.

Puis que voſtre deſſein ne ſe peut arreſter,
Ie vous accorde tout ne pouuant l'euiter.
Vous mourrez auec nous Princeſſe vertueuſe,
Détrempez ce poiſon.

BERENICE.

Ah! que ie ſuis heureuſe. — Elle prend le poiſon qu'elle aualé comme les autres
Que ma perte rendra les Romains enuieux,
Et que i'expireray d'vn treſpas glorieux.

NISE.

Ah! ma ſœur ſouſtenez vne foibleſſe extreſme. — Elles tombent toutes deux ſur vn lict.

MITRIDATIE.

Ce bras eſt impuiſſant, & ie tombe de meſme.

MITRIDATE.

O le premier ſuccez d'vn poiſon violent!
Que ſon effect eſt prompt, mais pluſtoſt qu'il eſt lent.
Contraignez vo' mes yeux dãs le mal qui me preſſe.

NISE.

Quelle eſtrange douleur ſuccede à ma foibleſſe!

HYPSICRATEE.

Ie vous aſſiſterois s'il ne falloit mourir,

HYPSICRATEE.

Parauant que i'expire, approche, & qu'en ce lieu
Ie puisse sur ta bouche imprimer vn adieu.
Les douleurs que ie sens m'annoncent desia l'heure.
Quoy ! ie respire encore, & Mitridate pleure.
Le plus grand Roy du monde est si peu resolu,
Et regrette vn trespas que luy mesme a voulu.
Quelle honte !

MITRIDATE.

Permets la douleur qui m'emporte.
Ma constance se perd, & ma raison est morte.
Ie ne me puis resoudre.

HYPSICRATEE.

Il te faut toutefois
Supporter sans regret l'estat où tu me vois.
Ne t'en afflige point, ou ie meurs mécontente.
Il est vray, ma douleur est vn peu violente.
Mais elle doit finir par vne prompte mort,
Nostre ame se separe auec vn peu d'effort.
Permets moy cependant que ma bouche t'asseure,
Que ie garde en mourant ma premiere blessure :
Que mon feu fut si grand, & si pur & si beau,
Que sa premiere ardeur me suit dans le tombeau.

Et si ce corps mourant vous pouuoit secourir,
Mais à peine mes yeux supportent la lumiere.

MITRIDATE.

Bel astre de mes iours, mourrois-tu la premiere?

MITRIDATIE.

Au moins, ma chere sœur, souffre que le trespas,
Nos cœurs estans vnis, ne nous separe pas.
Tends ces bras languissans, permets que ie t'ēbrasse.

NISE.

Mitridatie, adieu, c'en est fait, ie trespasse.

MITRIDATIE.

Ouure encore tes yeux, voi ta sœur qui te suit,
Et qui pert la clarté du soleil qui la fuit.

BERENICE.

O Ciel impitoyable!

MITRIDATE.

      O destin trop seuere!
O cruauté du sort, ô miserable pere!
O de tous les mortels le plus infortuné!
Au moins, sers toy du bien que le Ciel t'a donné,
Ferme encore les yeux à toute ta famille,
Et cette charité commence par ta fille.

MITRIDATE.

Et moy, par tous les Dieux que l'vniuers adore,
Par ces beaux yeux mourans que ie reuere encore,
Par ce front la terreur des plus superbes Roys,
Par cette belle bouche à qui i'ay mille fois,
Par mes ardens baisers tesmoigné tant de flame,
Que ie perds te perdant la moitié de mon ame.

BERENICE.

Elle tombe.

Ie vous quitte madame, ô dieux! ie n'en puis plus.

HYPSICRATEE.

Helas ne me fais point des sermens superflus.
Ie n'ay iamais douté, ny ie ne doute encore.

Elle meurt entre les bras de Mitridate.

Mais dieux! il faut ceder au feu qui me deuore,
Mes yeux sont obscurcis, à peine ie te voy,
Par ce dernier baiser prends vn congé de moy.

MITRIDATE.

Ah! ne meurs pas si tost, retiens vn peu ton ame,
Ie la rappelleray par vn baiser de flame.
Mais ie perds follement des discours superflus,
Ie te rappelle en vain, & tu ne m'entends plus.
Dans mes bras languissans ie te voy trespassée,
Tu n'es plus du passé qu'vne image effacée.
Dans vn somme eternel tes yeux enseuelis,
Aux roses de ton teint font succeder les lys.

Ta paupiere abbatuë & ta leure deteinte,
L'impitoyable mort dans tous tes membres peinte,
M'enleue l'esperance & me laisse l'horreur.
Que ne sors-tu mon ame en ta iuste fureur ?
S'il te souuient encor d'vne amitié si rare,
Lâche, peux-tu souffrir le coup qui nous separe ?

BERENICE.

S'il m'est encor permis de toucher vostre main,
Ie mourray satisfaite.

MITRIDATE.

O spectacle inhumain !
Miserable tesmoin de tant & tant de pertes.
Tu vis donc insensible & tu les a souffertes,
Berenice attends moy, vis encor vn moment,
Ie t'accompagneray, ie parle vainement. *Berenice meurt.*
Elle a perdu le iour & ie le vois encore,
Lacheté manifeste, & qui me deshonore.
Ie'mprunte du secours par de foibles moyens,
Et ie voy sans mourir la mort de tous les miens.
Ie reste seul viuant & ie suis seul coupable.
O Dieux ! fut-il iamais de fortune semblable ?
Hypsicratée est morte, & ie ne le suis pas.
Ah ! ie suiuray bien tost la trace de tes pas.
Mais de quelques douleurs que ie me persuade,
Ie sens que mon esprit seulement est malade.
Ce poison est trop lent pour causer mon trespas.

L

LA MORT

Doncques voulant mourir tu ne m'assistes pas,
Vn fils ne l'estant point serois-tu pitoyable,
Où me veux-tu trahir comme cet execrable?
Ie tente ton secours, mais inutilement.

SCENE V.

MENANDRE. MITRIDATE.

MENANDRE.

SEigneur vous vous deuez resoudre promptement,
Desormais du salut toute esperance est morte,
Pharnace s'est fait iour dans la premiere porte,
Les Romains l'ont suiuy dans la prochaine cour.

MITRIDATE.

Menandre malgré moy ie conserue le iour,
Tu vois deuant tes yeux ces obiets pitoyables,
I'ay recherché la mort par des moyens semblables,
Et le poison ne peut me donner le trespas,
Mon ame veut sortir, mais elle ne peut pas.

DE MITRIDATE.
MENANDRE.

Si ie ne suis deçeu par cette experience,
Ce sont là les effets de vostre preuoyance,
Lors que pour vous garder de quelque trahison,
Vous ne vous nourrissiez que de contre poison,
Vostre cœur s'est muny.

MITRIDATE.

     Menandre ie l'auouë,
Mais comment de mes iours la fortune se iouë.
Ie craignois le poison quand ie craignois la mort,
Et quand ie la desire il ne fait point d'effort.
Suppleons au defaut de cet impitoyable,
Puis que de mon trespas ma main seule est capable.
Rome à qui ie rauis vn superbe ornement,
Ne me verra vaincu que par moy seulament.
Elle en aura le fruit & i'en auray la gloire,
Et mon fils le loyer d'vne telle victoire.
Mais c'est trop retarder, & le bruit que i'entends,
Si ie veux mourir Roy m'aduertit qu'il est temps.
Sus doncque dans mon cœur cette lame plantée, Il se tuë.
Reioigne mon esprit auec Hypsicratée.
Au moins i'auray ce bien dãs mon dernier malheur,
Que mourant pres de toy ie mourray sans douleur.
Et toy par le pouuoir que le passé me donne,
Ie t'enjoins d'obeïr à ce que ie t'ordonne.

       L ij

LA MORT

Fais que ces ennemis & ce fils desloyal,
Treuuent ce pasle corps dans le throsne Royal.
Conserue dans ma mort ma dignité premiere,
Mais ie perds la parole en perdant la lumiere.

DERNIERE SCENE.

PHARNACE. MENANDRE. EMILE.

PHARNACE.

Voyez de respecter la personne du Roy,
Que to⁹ les plus hardis prennent exēple à moy,
Et sans vous irriter d'vne deffense vaine,
Traitez auec honneur & mes sœurs & la Reine.
Que le sexe & le rang arrestent vostre main,
Tousiours le plus vaillant est le moins inhumain.
Quel spectacle bons dieux, quelle vaine constance?
Quoy! l'on redoute ainsi la Romaine puissance.
Ce visible mespris & cette grauité,
Se peuuent-ils souffrir dans la captiuité?

(Pharnace entre dans la chambre, ou la tapisserie tirée il void Mitridate & Hypsicratée sur des thrones, & sa femme & ses sœurs à leurs pieds.)

MENANDRE.

S'ils conseruent encor les droicts de la Couronne,
C'est qu'ils sont en estat de ne craindre personne.
Ces visages ternis, & ces habits sanglans,
Vous tesmoignent assez leurs trespas violans.
Ces corps que vous voyez viennent de rendre l'ame,

Par le poison vos sœurs, la Reine & vostre femme:
Et le Roy par le fer.

PHARNACE.

O Dieux que me dis-tu ?
Toutefois ce teint pasle & cet œil abbatu,
Et ce sang qui découle encore d'vne playe,
Me font desia iuger cette asseurance vraye.
Il n'en faut plus douter, mon œil le void assez,
Ie touche tous ces corps, mais ils sont trespassez,
La mort qui se remarque en leurs pasles visages.
Est vn tragique effect de leurs masles courages,
Ils ont armé contr'eux leurs genereuses mains,
Pour fuir ma tyrannie, & le ioug des Romains.
Ciel, qui fus le tesmoin d'vne telle aduanture,
Tu peux encor souffrir ce monstre de nature !
Ce traistre qui rougit du sang de ses parens,
Les crimes les plus noirs te sont indifferents.
Quoy, tu vois ce barbare, & le coup du tonnerre
Ne l'enseuelit pas au centre de la terre ?
Le soleil se cacha pour vn moindre attentat,
Et ie voy son visage en son premier estat.
Pour remplir l'vniuers de ce crime exemplaire,
Pour le manifester ce perfide m'esclaire.
Eh bien, que tout conspire à me rendre odieux,
Pour mõ plº grãd bourreau ie ne veux que mes yeux:
Ie ne veux qu'œillader ces obiets pitoyables,
Et ie rends d'vn regard mes peines effroyables.

Vn simple souuenir fait naistre des remords,
Qui gesnent mon esprit de plus de mille morts.
Ayant' priué de vie & son pere & sa femme,
Ce monstre sans pitié ne vomit point son ame.
Il respire vn moment apres sa trahison,
Et l'infame suruit à toute sa maison.
Non, ne supporte plus vne tache si noire,
Puis qu'il n'est plus en toy de recouurer ta gloire,
Que tu n'es que l'horreur de tout ceux de ton rang,
Au moins enseuelis ton crime dans ton sang.
Manes de mes parens ie vous veux satisfaire,
O vous reste sanglant d'vn miserable pere,
Si vous auez produit vn tigre, vn inhumain,

Il se met à genoux deuant le corps de Mitridate.

Qui vous a peu trahir pour l'Empire Romain,
Qui prefera l'éclat d'vne simple Couronne,
A ce que le deuoir & le sang nous ordonne.
Ne vous offensez point si pour suiure vos pas,
Il se veut acquitter par vn simple trespas.
Il est vray ie deurois, perdre cent fois la vie,
Ie la reçeu de vous & ie vous l'ay rauie:
Et vous à qui les Dieux m'auoient si bien vni,
Indigne possesseur d'vn bonheur infini,
Ne vous offensez pas que ce traistre vous touche,

Et deuant celuy de Berenice.

Et tout souillé qu'il est baise encor vostre bouche.
Mais non vostre vertu se fasche à mon abord,
Souffrez mon entretien comme celui d'vn mort.
Ie ne respire plus, puis que vous estes morte,

EMILE.

Quoi l'ami des Romains s'affliger de la sorte?

PHARNACE.

C'est peu que s'affliger, Emile, il faut mourir,
Quoi cruels malgré moi me faut il secourir?
Barbares voulez-vous me contraindre de viure,
Aimez-vous les tourmẽts dont la mort me deliure?
Et pour recompenser les seruices rendus,
N'estes vous pas contens de mes parens perdus?
Quoi vous voulez forcer vne ame criminelle,
A souffrir parmi vous vne peine eternelle?
Pompée à son depart vous a-il ordonné,
De me traiter en serf, lui qui m'a couronné?

EMILE.

Nous vous rendrons raison de vostre retenuë,
Quand nous verrons la vostre vn peu mieux re-
   -uenuë.
Mais deliurons ses yeux de l'horreur de ces morts,
Et pour les inhumer qu'on enleue ces corps.

FIN.

Extraict du Priuilege.

PAR grace & priuilege du Roy donné à Roye le 30. iour de Septembre 1636. signé par le Roy en son Conseil, de Monsseaux. Il est permis à Anthoine de Sommauille marchand Libraire à Paris, d'imprimer ou faire imprimer, vendre & distribuer vne piece de Theatre, intitulée. *La mort de Mitridate, Tragedie*, & ce durant le temps de sept ans entiers & accomplis, à compter du iour que ledit liure sera acheué d'imprimer. Et defenses sont faites à tous Imprimeurs, & Libraires, estrangers, ou autres, de contrefaire ledit liure, ny en vendre aucun, sinon de ceux qu'aura imprimé ou fait imprimer ledit de Sommauille, ou ceux ayant droit de luy. A peine aux contreuenans de trois mil liures d'amende ainsi qu'il est plus amplement porté par lesdites lettres cy-dessus dattées.

Acheué d'imprimer le 16. iour de Nouembre 1636.

www.ingramcontent.com/pod-product-compliance
Lightning Source LLC
LaVergne TN
LVHW050628090426
835512LV00007B/724